U0941788

中国领导力提升系列 | 主编 胡月星

领导情商

曾 荣◎著

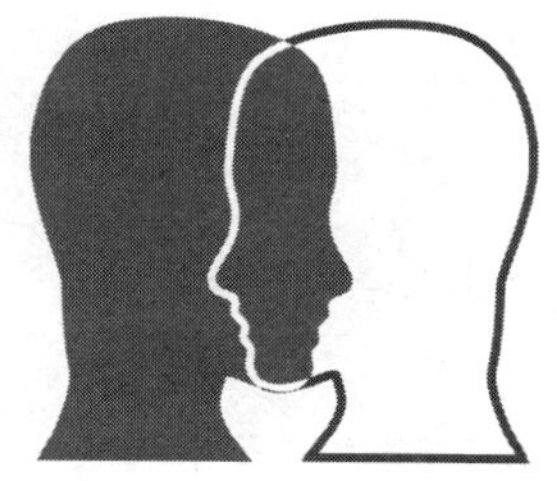

中国出版集团 研究出版社

图书在版编目（CIP）数据

领导情商 / 曾荣著 . — 北京 : 研究出版社，
2017.5

ISBN 978-7-5199-0015-1

Ⅰ. ①领…　Ⅱ. ①曾…　Ⅲ. ①领导人员—情商—研究
Ⅳ. ① C933 ① B842.6

中国版本图书馆 CIP 数据核字（2017）第 031461 号

领导情商

作　　者　曾　荣　著
责任编辑　刘姝宏
出版发行　研究出版社
地　　址　北京市东城区沙滩北街 2 号中研楼
邮政编码　100009
电　　话　010-63292534　63057714（发行中心）
63055259（总编室）
传　　真　010-63292534
网　　址　www.yanjiuchubanshe.com
电子信箱　yjcbsfxb@126.com
印　　刷　三河市金泰源印务有限公司
开　　本　710 毫米 ×1000 毫米　1/16
印　　张　15.25
版　　次　2017 年 5 月第 1 版　2017 年 5 月第 1 次印刷
书　　号　ISBN 978-7-5199-0015-1
定　　价　39.80 元

《中国领导力提升系列丛书》编委会

参与研究单位

国家行政学院

中国浦东干部学院

中国人事科学研究院

国家税务总局党校

北京行政学院

上海行政学院

黑龙江省行政学院

吉林省行政学院

广西行政学院

辽宁师范大学

宁夏行政学院

协助支持单位

国家行政学院中国领导科学研究中心

国家行政学院公务员培训研究中心

中国人才研究会领导人才专业委员会

西安思源学院新发展理念与领导力研究中心

提升领导力是聚焦点（代总序）

胡月星

领导科学研究告诉我们，组织发展与领导力提升并不是同步的。组织规模增大，并不意味着领导力随之提升。组织规模小，并不代表没有强大领导力。有的组织诞生时规模很小，但能够逐渐壮大，关键就在于其具有强大领导力。中国共产党诞生之初人数寥寥，但犹如喷薄而出的朝阳，光照四方。成功的秘诀在哪里？就在于党拥有强大的领导力，正是这一核心力量使党焕发出旺盛的生命力。今天，中国共产党是拥有 436 万多个基层党组织、8779 万多名党员的大党，但规模越大并不意味着领导力就越强。加强和改善党的领导，必须把提升领导力作为聚焦点。

那么，领导力究竟是什么？以往人们通常把领导力等同于权力，认为有权力就有领导力。这种观点至今还停留在一些人的头脑中，限制了人们探索提升领导力的视野。领导力与权力确实有密切关系，但绝不是对等关系，有权力未必就有领导力，否则就难以解释个别领导“有权无威”甚至“众叛亲离”的现象。权力仅仅是领导力的一种重要资源，而不是领导力的全部。在领导科学研究中，领导力存在于精神信仰、思想观念、规章制度等方方面面，既包括组织领导力，也包括个体领导力。组织领导力是由个体领导力积极作用而成的合力，这就像百川终归大海一样。组织领导力与个体领导力相辅相成、高度融合，共同提升政党的领导力。我们讨论加强和改善党的领导，当然需要从组织领导力角度去分析，但领导科学研究表明，重视个体领导力对于加强和改善党的领导同样至关重要。因为组织领导力最终要具体落实到领导干部行为中，如果各级领导干部缺乏领导力所必需的知识、能力、品质以及积极行为表现等，组织领导力就会失去来源，组织就会变得软弱无力。可以说，领导干部的领导力直接决定着党的领导力。一个政党领导力的缺失，很大程度上是因为领导干部领导力的缺失。当前，从提升领导力入手加强和改善党的领导，需要把组织领导力与个体领导力紧密结合起来，从“领”入手，由“导”贯通，实现“心”与“力”的积极融合。

用信仰目标实现“领”。信仰就是希望，目标就是方向。没有信仰目标的政党是没有希望的，没有信仰目标的领导干部是难堪大任的。成立90多年来，我们党的领导之所以坚强有力，就是因为我们党有信仰、有目标，让广大党员有使命感，让人民群众有方向感。一个政党如果不能让自己的党员有使命感就无异于乌合之众，如果无法让群众有方向感就会失去号召力和凝聚力。新形势下，加强和改善党的领导，尤其需要把党的领导与党所坚守的崇高信仰、党所追求的远大目标紧密结合起来。要让广大党员和人民群众明白我们党究竟从哪里来、往哪里去，信仰什么、追求什么，党对人民群众来说有着什么样的功能和价值。把这些问题讲清楚，人民群众就会拥护党、追随党。

用科学理念实现“导”。信仰的追求、目标的实现都要有科学的理念。一个政党所坚持的科学理念凝聚着政党的智慧，能够引领人民群众的行动。从这个意义上说，理念科学，领导力就强。我们党一直强调用科学理念实现党的领导。习近平总书记在党的十八届五中全会上提出的创新、协调、绿色、开放、共享新发展理念，凝聚着全党的智慧，是统一全党思想和行动的指挥棒。领导干部能不能深入贯彻新发展理念，坚决纠正那些与新发展理念不相适应甚至背道而驰的错误观念与行为，直接关系我们党的领导力。领导干部要把学习贯彻新发展理念与提升领导力、加强和改善党的领导紧密结合起来。

用“心”与“力”的融合提升领导力。心为万力之本。提升领导力，从领导干部个体角度而言尤其要注重“心”与“力”的融合，具体而言主要包括以下几个方面：一是强调忠诚。忠诚是对“心”最重要的要求，是“力”的源泉。领导干部要对党忠诚，不论身在何方，不论处于何种境地，都要把对党忠诚作为自己的道德操守和行为准则，这样才能担负起组织重托。二是强调提升能力。有“心”无“力”，最终只能流于平庸。提升领导力，既要有“心”，也要有“力”。这就要求领导干部必须高度重视提升自己的能力。三是强调责任担当。责任是“心”，担当是“力”。当前，加强和改善党的领导特别需要领导干部有责任担当。有了责任担当，就能把“心”与“力”融合后的力量充分发挥出来，不断提升我们党的领导力。

原载《人民日报》（2016 年 04 月 15 日 07 版）

序言

人活在世上就像一驾奔跑的马车，马车由马拉动，人由情绪驱动。控制马的工具叫作缰绳，管理情绪的工具叫作情商。

如果驾驭不好拉车的马，马车就会东碰西撞，迷失方向，甚至车毁人亡。如果管理不好人的情绪，人就会生病、会发疯，伤害自己、伤害他人、伤害组织和社会。情绪管理并不是一件容易的事，需要与人的一些本性做斗争，比如冲动、放纵。远古时代，人的情绪具有应激和适应环境的重要意义；而今天，人们需要更多地运用理性来做出判断和采取行动，情绪与理性相辅相成才能获得更多生存、发展的机会。

情商对个人很重要，对团队很重要，对领导团队的个人尤为重要。领导者不仅要管理好自己的情绪，还要有目的地影响他人的情绪。驾驭一辆马车尚且需要技术、力量与经验，引导一队马车向同一个方向以相近的速度行进，不能不说是一项极为艰巨的考验。所以领导者总是比普通人更迫切地需要提升情商。

相信所有站在或期望站上领导岗位的人都在不断摸索着情绪管理的规律和艺术，在一次次的经验和教训中理解自己、理解他人、理解管理和领导的深意。然而个人的探索终归是孤独而漫长的。在这个急速变化的时代里，层出不穷的挑战与机遇，周而复始的压力与欲望，让有进取心、有责任感的人时常处于一种“本领恐慌”的痛苦知觉中。按照心理学家弗洛伊德的观点，要摆脱痛苦，唯有坚决行动。提升自己的情商往往是见效最快的行动，因为情绪驱动人的行为。然而也正因如此，情商修炼难有尽头，是需要终生参悟的一项本领。

情商的提升如果能够借助一定的外力必将事半功倍，所以市场上形形色色的情商培训教材与课程应运而生，不一而足，培训的效果也是参差不齐。因为“情商”这样一个似乎人人都懂又都不太懂的题目，必须兼顾好针对性、知识性与可读性。本书在“情商”前面又加上了“领导”二字，对实用性和启发性有了更高的要求。本书作者力求在这些方面做好平衡，这样一个写作过程同样也是一场情感与理性的共振。

情商提升的另一个影响因素是情境，更准确地说是“我”所参与的情境。人的情绪总是与情境和角色紧密联系在一起。情商不同于智商的一点是，它没有唯一正确的标准答案，只有相对更好的选择。所以对于情商，“我”才是最有发言权和评判权的那个声音。正所谓“情非得已”，书中的完美应对、他人的成功经验都不一定是“我”在彼时彼刻最好的范本。真性情的人活出真挚的喜悦，真性情的领导赢得真诚的人心。

“我”是一切的根源。“我”理解了情绪，困惑可以得到解答；“我”控制了情绪，伤害可以避免；“我”接纳了情绪，对立不一定引发冲突；“我”引导了情绪，散沙可以积聚成塔。要想改变一切外物和人，首先要改变自己。改变自己的根本途径是学习。学于书内，习于书外。学习的过程也是在苦痛与迷惘的深处发掘出快乐与满足的过程。希望这本书与日益增长的情商一起，伴随您在工作生活中不断学习，改善自身，成为坚强有力的领导者，为自己、为他人、为团队做出更大的贡献。

曾　荣

2016 年 10 月

目录

C H A P T E R 0 1

第一章

情商的内涵与意义

情商是近年来较流行的一个概念，对于情商每个人都有自己的理解，由此而衍生的提高情商的动机也各不相同。有些人希望通过提高情商把自己打造成一个八面玲珑的职场万金油；有些人希望通过提高情商更好地揣摩上级的心意，达到事半功倍的效果；也有些人希望通过提高情商处理好与家庭成员、单位同事的关系，减少矛盾，和谐共处。

这些期望的共同之处是把情商的意义放在了他人身上，情商高不高、有没有用，都要通过他人的反馈来检验。那么，心理学家是如何解读情商的呢？如果把情商看作与智商一样的某种个人能力和素质，那么情商对于我们自身的意义又体现在哪些方面呢？

这一章我们将探讨情商是什么，以及如何看待自己的情商。

第一节　情商及其理论

一、不可或缺的情商

世界上很多事情都符合“二八定律”，比如百分之二十的人掌握着百分之八十的财富，百分之二十的人管理着百分之八十的人，其中最广为流传并得到广泛认可的一个规律是这样的：成功只有百分之二十源于智力，剩下的百分之八十是其他因素。这些“其他因素”当中，最重要、最可控的就是情商。

很多厅级以上的政府官员和上市企业创始人在总结成功经验的时候都说，自己最大的成功是做人的成功，因为一直努力做人，所以有贵人相助、有能人相随、有好运相伴，到如今才能踏实坐下来谈经验。几乎没有人强调自己的“聪明”；相反，一位在多个政府部门有过任职经历的领导坦率地说：“周围的人哪个不聪明？在学校里的时候都是优等生，都有才华，但是聚到了一起，能不能脱颖而出，最根本还是要在做人做事上下功夫。”

所谓会做人、会做事，就是通常所说的“情商”高，而脑子聪明有才华，则是智商高。有人甚至将智商与情商的关系总结成顺口溜：“智商高，情商低，怀才不遇；智商低，情商高，贵人相助；智商高，情商高，春风得意。”如此看来，情商似乎比智商更重要，对人的成败更有决定性。事实真的是这样吗？

其实在心理学中，“情商”是“智商”的一部分。人们通常使用的智商，是一个像考试分数一样的测试结果，是对一个人的反应速度、记忆力、空间想象力、逻辑推理能力等的综合评估。心理学家最初用“智力”这个概念来描述一个人认知世界的能力，智商就是智力的分数，人与人之间可以相对公平地比较智商的高低。但是人们逐渐发现，智商虽然可以预测个体的学业成绩，但对个体成功的预测力十分有限。所以心理学研究者试图通过发展多元智力的概念来提高智力对成功的预测力，多元智力涵盖了“社会智力”“人际智力”“自知智力”等对“人情世故”更有预测力的成分，心理学术语中用“情绪智力”概念对这些能力加以概括，一个人在这些方面的表现就是我们通常所说的“情商”。

很多人认为那些会说话、会沟通、长袖善舞、八面玲珑的人就是情商高的典范，但是自己却学不来。那是因为他们只看到了情商的表象，即部分“商数”的指标，而忽略了情商的根本——人的情绪和情感。情绪是对内外界刺激的即时反应，情感则是相对长期的、多种情绪的统合。按照精神分析理论的观点，人的情绪和情感是动机的源泉，也就是所谓的“冲动”。没有冲动的人与机器无异却不及机器智能，冲动妄为的人与动物无异却不及动物灵敏。丰富的情绪和复杂的情感对人类来说，既是特有的财富也是艰巨的挑战。

情商（Emotional Intelligence or Emotional Quotient）一词的本义是描述一个人如何管理自己的情绪，以及如何对他人的情绪和情感做出反应的能力。这是一种非常重要的技能，情商较高的人拥有对生活的掌控能力，这些能力可能并不是那么显而易见，但非常实用。例如处理冲突、理解并回应他人的需要、管理自己的情绪、避免情绪过度宣泄给他人带来不便。所以，情商实际上体现了人在情绪、意志、耐受挫折等方面的品质。计算情商（EQ）分数至少要有这些加分项：自我意识、控制情绪、自我激励、认知他人情绪和处理相互之间的关系。

当你了解了情商的真正含义，你就会知道，很多人理解的情商的概念其实都只停留在表层。有时候我们说一个人性格有缺陷，其实就是情商不够。情商高的人有着更清晰的自我认知能力、更高的情绪管理能力以及更和谐的人际关系，这些特点转换成日常工作与生活中的表现，就是情绪稳定、容易沟通、个性修养好、为人可靠。

二、被误解的情商

人们对情商的理解存在一些误区。

1. 内向的人，就是情商很低

如果有人把能说会道当作情商高的表现，那么与之相对的内向少言似乎就意味着情商比较低，这种理解是片面的。其实很多在公众场合侃侃而谈的人并不一定是天生外向型，甚至历史上一些优秀的演说家，比如美国总统林肯，他原本是一个非常害羞和内向的人，后天的努力与成长的契机帮助他获得了出众的人际沟通能力。所谓的内向和外向，只是一个人获取信息、自我驱动的方式不同，他们喜欢的交流方式不同，他们对环境的适应能力不同，这些并不代表谁的情商更高。

2. 有心计的人，情商更高

生活中，有心计的人往往更容易成事，所以很多人将心计等同于情商，认为有心计是情商高的表现，或者情商高的人心计更深。这样的观点对不对呢？其实所谓的“心计”也可以看作一种智谋能力，它与情商的共同之处是都要有一定的智力水平（包括理解能力、记忆能力、分析能力、判断能力等）做基础。二者的区别是，缺少心计的人俗话称为“傻子”，缺少情商的人俗话叫“呆子”或“疯子”。如果一定要选择其一，你更能接受哪一种人呢？

小时候邻居家有一位姐姐单纯质朴，对我们这些邻近的弟弟妹妹特别关爱，有了好吃好玩的从不私藏，也不炫耀，大方地与我们分享。为此她的母亲常常心疼地数落她“缺心眼儿”，特别是与另一位“心眼儿多”、凡事从不吃亏的邻家妹妹相比，这位姐姐就是一个“傻大姐”。二十年后再相见，那位被大家看好的邻家妹妹在老家一个半死不活的国企做着普通文员，满腹牢骚，而那位“傻大姐”却做起了当下最时髦的微商，带着三十人的团队干得热火朝天。

所以，不是“有心计的人情商更高”，而是如果情商不够，再有心计也没用。我们所看到的那些靠所谓的“心计”取胜的人，是因为他们想得更长远，懂得运筹帷幄，情绪控制能力更高，不易因一时的得失而情绪失控，受制于人。同理，稳定的情绪使他们在关键时刻能做出正确的决策。手段智谋固然要有，但是长远的发展眼光、稳定的情绪状态才是成功的根本保障。

3. 情绪稳定就是没有情绪

有些人觉得情绪稳定就是情绪波动很小，至少表面上看起来好像没有情绪，所以领导者要修炼出一张扑克脸才算成熟、有内涵的领导。这是对情绪稳定的误解，同时也是对领导者的误解。情绪稳定不是没有情绪，也不是不表达情绪，而是作为一个有血有肉有情感的人，在情绪自然产生时有能力控制自己的情绪反应，能够继续胜任当前的工作，而且不伤害他人。

而情绪控制能力弱的人，容易把自己的弱点、把柄暴露在外。同时因为情绪太差而失去了辨别力、思考力，自掘坟墓，这是做人的悲哀，更是领导者的大忌。

三、理论界定的情商

1. 情商的能力模型

在心理学中，谈情商首先就要谈到美国心理学家彼得·沙洛维（Peter Salovey）。沙洛维是耶鲁大学前任校长，也是一位心理学家。他于 1986 年获得耶鲁大学心理学系博士学位，随后留校任教。沙洛维从事与情商相关的课题研究迄今为止已有 25 年，因对“情绪智慧”(Emotional Intelligence) 理论和与之相关的情商（Emotional Quotient）的开创性研究而著称。

1997 年，沙洛维和耶鲁大学学者、著名的人格研究专家约翰·梅耶（John Mayer）共同提出了情商的“能力模型”(Ability Model)。情商“是知觉和表达情绪、情绪促进思维，理解和分析情绪以及相应调控情绪以促进情绪及认知成长的能力”。简言之，情商是人们处理感情信息并在不同的社会环境中运用这种信息的能力。换言之，如果把人脑比作计算机，情商就是大脑对于情绪信息（包括自己的和他人的）进行分析、推断并根据内外在的条件做出反馈的能力。

把情商看作一种能力，它就可以像其他能力（如智力、毅力、执行力、判断力等）一样，具有最高成就表现和平均水平表现。在此前提下，通过一定的评价标准、测查指标和测量手段，就可以对人们的情商进行测量，并评估个人的这项能力在人群中的相对水平。

2002 年，沙洛维、梅耶等人共同创立了可以对这种能力进行量化和测量的所谓 MSCEIT 测试（Mayer-Salovey-Caruso Emotional Intelligence Test），并利用该工具对不同的实验人群以及在实际生活的场景下，对人的情商进行分析，得出了很多有价值的具有实践指导意义的结论。

比如，研究者们已经知道，在智商相近的人群中，根据情商可以更为准确地预言一个人的事业是否成功、家庭是否和谐等；情商可以通过后天的训练得到锻炼和提高；情商作为一种“软能力”，可以与先天形成的智商形成互补，增强人的综合竞争力。

2. 情商的混合模型

搜索市面上有关情商的畅销书作者，丹尼尔·戈尔曼（Daniel Goleman）是一个不可忽略的重要人物。戈尔曼既是哈佛大学的心理学博士，也是全球畅销书作家，凭借《情商：它为什么比智商更重要》而成名。戈尔曼经过多年探索，提出了一种相较于沙洛维和梅耶的能力型情绪智力理论更为

“实用”的情绪智力理论，学术上将其称为情绪智力的混合模型。

这个理论认为，情绪智力本质上是一种潜能，是一种中介能力，决定着我们怎样才能充分、完美地发挥自己所拥有的各种能力。戈尔曼据此将情绪智力概括为五个方面的情绪竞争力：自我觉察能力（能够知觉、了解和审视自己的情绪体验）、情绪管理能力（能够控制自己的情绪，使之适时适度地表现出来）、自我激励能力（能够调动自己的情绪并使其专注的能力）、共情的能力（能够发现、辨别和理解他人情绪的能力）、人际关系的能力（能够调控他人情绪的能力）。

2000 年，戈尔曼又将情绪智力的定义精简为“有效管理自我以及自己的人际关系的能力”，并将情绪管理能力与自我激励能力合并为自我管理能力，这样情绪智力的内涵就可以概括为个人竞争力与社会竞争力两大内容，包括以下四个方面的情绪竞争力：

（1）自我觉察，包括对情绪变化的自我觉察、精确的自我评估以及自信；

（2）自我管理，包括控制自身情绪的能力、情绪状态的稳定性、适应环境变化的能力、成就动机等；

（3）社会觉察，包括共情能力、服务导向的思维、组织机构洞察力等；

（4）关系管理，包括帮助他人成长和发展的能力，以及由此带动的影响力、沟通能力、冲突应对和管理能力、营造共同愿景的能力、建立联结的能力、团队意识及协作能力等。

戈尔曼的情绪智力理论在包含心理能力的同时，还涉及人格和社会维度，着重于个体满足内部需要和对外部世界的反应。从中不难看出，每一个人要想在社会中生存，都需要具有基本的个人竞争力，即自我觉察和自我管理的能力，领导者与普通人的区别似乎主要体现在社会竞争力方面，比如对他人的影响力等。社会竞争力是以个人竞争力为基础的，连自身情绪都难以觉察和妥善处理的领导，如何能够应对、引导下属的情绪，又如何能够在下属中拥有超越行政权力的影响力呢?

情绪智力的混合模型在企业中尤为盛行。戈尔曼认为，影响组织领导成败的关键因素在于领导人的情商。在任何人类团体中，领导人都具备影响他人情绪的最大力量，而只有最杰出的领导人，才能体会到情绪在工作场合扮演的重要角色。这不仅可以提升企业成果、留住人才等，还可以提高士气、冲劲和责任感。这个模型几乎就是为企业定做的，而且交由许多企业进行了验证，其情绪竞争力量表（ECI）也是根据绩效理论而编制的。因此，这一模型也被誉为情绪智力的企业模型。社会上对情绪智力和情商内容的解释也大多采用了戈尔曼的理论。

3. Bar-On 情绪智力理论

世界上第一个使用情商这一概念、第一个编制出版测量情绪智力标准化量表的人，既不是沙洛维也不是戈尔曼，而是巴昂（Bar-On），时间是1997年。巴昂提出，情绪智力是影响人应付环境需要和压力的一系列情绪的、人格的和人际能力的总和。他认为情绪智力是决定一个人在生活中能否取得成功的重要因素，直接影响人的心理健康。巴昂的情绪智力理论影响远比前面介绍的两派小，追随者也更少，但依然是当前国外情绪智力三大理论之一。

巴昂提出了包含5个维度和15项技能或竞争力的情绪及社会智力结构模型：

（1）个体内部成分：情绪自我觉察，自信，自我尊重，自我实现，独立性。

（2）人际成分：共情，社会责任感，人际关系。

（3）适应性成分：现实检验，问题解决，灵活性。

（4）压力管理成分：压力承受，冲动控制。

（5）一般心境成分：幸福感，乐观主义。

他依据此模型编制了世界上第一个情商标准化量表 EQ–i。这是自陈量表，也是世界上使用最广泛的量表之一。

巴昂的情绪智力模型既有知觉能力，又包含了技能和人格特质，这与戈尔曼的模型不谋而合。但是戈尔曼的模型覆盖面更广，而巴昂的情绪智力模型则更强调个人适应环境的能力和压力管理的能力。跟戈尔曼的理论模型一样，他的情商理论模型远远超出了最初的情商概念范畴，融入了人格特质和社会环境因素，也属于一种综合的情绪智力模型。

四、与日俱增的情商

孔子在《论语 · 为政》中说："吾十有五而志于学，三十而立，四十而不惑，五十而知天命，六十而耳顺，七十而从心所欲，不逾矩。"

一个人在十五岁的时候有志于学问，提升的是智商；三十岁了，要懂礼仪，说话做事都有把握，除了智商之外还要有情商；到了四十岁，掌握了各种知识、技能、经验，对人情世故都有了体悟，应该不致迷惑；五十岁，得知天命，方能平和地看待得失、对待他人；六十岁，一听别人的言语便可以分辨真假、判明是非，这才是真正具备了高情商；到了七十岁，便随心所欲，任何念头都不会越出规矩。古人的智慧虽未经统计验证，但是来源于丰富的观察经验和思考，具有跨时代、跨民族的适用性。

近三十年的心理学研究发现，人在成长的不同年龄段，心智发展的侧重点不同，不同心理能力的发展巅峰时间也不同。除了我们都知道的青春期（女孩 12 岁，男孩 14 岁）之外，科学研究还揭示出：要想学习一门语言，最好的年龄是 7 岁；我们大脑的运算加工能力最强的时候是 18 岁；22 岁是我们最容易记住很多人名字的年纪，但是要记住人的脸却要等到 31 岁才能到达能力巅峰；对于大多数人来说，生活满意度最高的年龄是 23 岁，同时这个年龄也是女孩儿对异性最有吸引力的时候；25 岁时我们可能获得最大的肌肉力量，但是最适合跑马拉松的年纪却是在 3 年之后；31 岁象棋玩得最好；40 岁时取得诺贝尔奖级别的科学发现，换言之，如果到了 40 岁你在科学研究上还没有突破性的发现或进展，那么此生的科研创造性可能也就止步于此了；此外，女人 38 岁薪水最高，男人 48 岁最能赚钱。

在经历了上述各种能力的提升和停滞之后，到了 51 岁，我们才能迎来“理解人的情绪”的巅峰。这与孔子的“五十而知天命”不谋而合。由此也可以看出，情商是一种综合能力，它建立在记忆、分析、逻辑推理等基本智力要素的基础之上，同时还需要生活经验和情感体验的累加。纵观生命发展，一个人心理成长的过程也是情商逐渐提升的过程。俗话说“人老成精”，随着年龄的增长、阅历的增加，人们在人情世事上会更加洞察、练达，这时候小风小浪也就很难引起情绪上的波动。

天生的智力不可改变，而情商则可以逐渐提高。情商是一种能够通过训练而得到提高的能力，被公认为情商高的人，很少自诩天生如此，他们常常说自己是被“磨”出来的。一个简单的“磨”字，包含了生活的磨砺、工作的磨炼、人际关系的磨合。目前有针对小孩子的情商提升课程，主要是设计一些生活中人际交往的场景，一方面教小孩子更加懂得人际交往中的“礼”，即礼貌、礼数和礼节；另一方面教小孩子管理自己情绪的方法，让小孩子学会控制自己的脾气，学会延迟满足。成年人更多的则是通过阅读文学作品、欣赏艺术和音乐，提高自己对情绪的感知能力和情商，也可以通过与高情商的人相处，或从朋友、家人、同事那里获得反馈，帮助提高自己的情商。但是，任何课程、训练、技巧，都不能代替人的成长，情商是生活赐予我们的礼物。

具有足以应对日常生活与工作的情商水平，是个人成熟的一种表现，但不是成长的最终结果，高情商的人不等于“不逾矩”。在一次演讲中，一位学生向沙洛维提出一个问题：“情商有没有好坏之分？有的罪犯也是高情商的人。”对此，沙洛维的回答是，情商与一个人的道德水平是两种不同的维度，二者没有相关性。高智商的人也有可能去行骗，去利用别人的信任做非法的事情。情商固然有用，但“情商并非通向完美世界的钥匙。因此，每个人都要去学习如何发挥情商的积极作用”。

第二节　情商的构成要素

上一节介绍了心理学家对于情商的三种概念界定，在这里我们将以沙洛维的情绪智力能力模型和戈尔曼的情绪智力混合模型为例，进一步分析情商的构成要素，了解各个要素在日常工作生活中的体现。

一、情商的四种能力

沙洛维的情绪智力理论中将情商拆解为四种能力：

1. 感知自己和他人情绪（Perceiving Emotion）

指能够感知自身和他人的情绪，以及从艺术、故事、音乐以及其他刺激物中感知不同的情绪。

2. 利用情绪帮助思考（Using Emotions to Facilitate Thinking）

指能够产生、利用和感知情绪，以达到有效沟通个人感觉的效果，并在其他的认知过程中利用情绪进行创作、解决问题和思考等。比如，你是吃香草味的冰激凌还是巧克力味的冰激凌？这涉及吃不同口味的冰激凌会给你带来什么样的感受。研究证明，人脑中涉及处理情绪信息的区域和做决策的区域是有紧密联系的。

3. 了解情绪产生及波动方式（Understanding Emotion）

指理解情绪包含的信息，不同的情绪是如何随着某种关系的变化而产生与发展的，如何理解情绪的意义。比如从不爽（annoyed）到生气（angry）再到愤怒（rage），这个过程是如何发展的。

4. 控制自己和他人情绪以获取正面成效

指对情绪呈开放的心态，调整自己和他人的情绪，使得个人和团队变得更有效、更成功。

在北京大学演讲时，沙洛维拿自己举了个例子，他说："我来到北大做演讲，感觉很紧张，那我就需要管理自己的情绪，让自己平静下来；也要管理听众的情绪，让他们感觉开心和有趣。我可能会讲个笑话帮助我自己和听众放松心情。"

沙洛维等心理学家认为，上述四种能力都能被付诸实践，而且也可以被衡量。通过对人的情商进行量化分析，研究者可以仔细研究在不同的社会环境中，情商对人们的注意、记忆和学习情况的影响，对个人所做决策的优劣、个人判断力高低的影响，对家庭关系、友情和工作关系的影响，对个人身体和精神健康的影响，对学习成绩、在校表现和工作表现的影响，等等。通过相关研究，研究者甚至可以用情商来对个人重要的心理活动和行为反应做出预测。

沙洛维列举了两个有关情商研究实际应用的案例：其一是对一家保险公司金融部门员工的情商进行追踪测试，发现员工的情商水平与一年后他们工资的涨幅呈正相关。其二是以个性闻名的美国歌星 Lady Gaga。众所周知，Lady Gaga 除了有着独特的嗓音，还因夸张艳丽的表演服饰、不落窠臼的台风为年轻歌迷所喜爱。但是人们不知道，看似狂傲不羁、不惧人言的她居然也经常在登台前感到怯场。对此，沙洛维指出，Lady Gaga 通过身着华服去克服怯场的焦虑，“这是她具有管理自己情绪能力的一种表现”。Lady Gaga 曾经是校园霸凌行为的受害者，为了帮助与自己有同样经历的人，她出席公开的宣传活动，以提高大众对情商研究的重视。研究者对青少年情商的研究发现，高情商的孩子通常更具有领导力，更少滥用药物或酗酒，更少焦虑，欺负别人的可能性也更小。

在人际关系中，高情商的人似乎更有资格获得令人满意的人际关系，尤其是亲密关系。沙洛维在世界各国的多所大学发表有关情商的演讲，学生们最感兴趣的问题之一就是情商在爱情中的体现。在哈佛大学，有一位女学生曾经向沙洛维发问：“两个情商都很高的人相处得会很融洽吗？”于是，沙洛维在现场做起了民意测试，问题是：“男女朋友之间，彼此情商有很大差距的关系更稳定，还是情商彼此接近的关系更稳定？”答案是，情商差距大关系才稳固。沙洛维解释说，这样两个人可以互补，而高情商者是关系中的带领者。那么，如果是两个高情商的人相遇呢？虽然相关研究证实，高情商的伴侣可以令互相的磨合更加顺利，但是缺少挑战的生活也有可能让甜蜜的情侣更快进入平淡期。同时，高情商的人因为在人群中广受欢迎，通常也会有更多移情别恋的机会。

二、情商的五个范畴

由心理学家戈尔曼所研发的“情商混合模型”有五个重要范畴：

1. 自我觉察（Self-awareness）

自我觉察涉及了解自己的感受。这包括准确评估你具备哪些能力，以及什么时候需要帮助，哪些点会触发你的情绪。

据说每一个保安都会问出哲学上最高的三个问题：你是谁？从哪里来？到哪里去？如果你能回答这三个问题，你就能了解自我。这三个问题，大体上覆盖了情商最底层的范畴，即对自己的评估。

在心理学中，我们通常从自信和自尊两方面来评估一个人。如果问，你觉得自己是一个自信的人吗？多数人会说，在某些地方自信，某些地方不自信。自信是有范畴的，自信是跟某件事情有关的。我们要告诉自己，如果我在某件事情上不自信是可以的，但是如果对我们自己不自信，麻烦就大了。

对自己的自信，我们把它叫自尊。所谓的自尊就是对自己价值的评判。要了解自我，就要承认自己有某些地方是不会的，甚至某些地方是不足的，能够承认这一点并且接纳它，就叫了解自我。当你能够了解自我，中国人的一句话叫“人贵有自知之明”——当你有自知之明的时候，你的情商就马上不一样了，就高了。

2. 自我管理（Self-management）

这涉及情绪波动时的控制能力。自我管理包括能够控制情绪爆发，冷静地讨论分歧，以及避免会对你造成伤害的行为，比如过分地自怜或者惶恐不安。

可见所谓的自我管理更多偏重于对情绪的管理。情绪管理的重要性毋庸置疑，就像顺口溜说的：

有能力有脾气的人——怀才不遇；
有能力没脾气的人——春风得意；
没能力有脾气的人——一事无成；
没能力没脾气的人——贵人相助。

谈到情绪管理，很多人都存在一个误会，觉得应该去控制情绪。在一次情商训练讲座中，有位幼儿园小孩儿家长分享道：“我自己情商低，经常控制不好自己的情绪，我知道这是缺点但是已经很难改好了。所以我在教育我儿子的时候，从小就训练他的情商，他不听话、耍脾气，我就不会满足他的要求。现在我儿子五岁了，很乖，基本可以控制自己不发脾气。”在座的不少家长都很羡慕她，可是作为心理工作者，我却感到有些心痛。在最天真烂漫的年纪就能够控制自己不发脾气、“很乖”，比电视剧里的少年康熙还要“懂事”，这是母亲情商教育的成功吗？我们要培养的究竟是一个人还是机器呢？

这位家长其实是在压抑自己的孩子。这样的例子并不新鲜，我们身边的“乖孩子”随处可见。这样教育的后果之一是，如今我们看到很多男人在长大之后，显得过分理性、不近人情，妻子们说他们“自私”，其实原因之一是他们按照家长和社会的期待，在漫长的成长过程中习惯于把自己的情绪压制下去，并且将其视为一个人应有的状态。这其实并不是一种情绪管理，至少不是好的情绪管理。

情绪管理最重要的一点就是要接纳它。情绪没有好与坏，每一种情绪都会给我们带来一个信息。比如愤怒，我们一般觉得愤怒是不好的，其实愤怒让我们意识到自己的安全、信念、利益等受到了威胁。愤怒是一种自发的、防卫性的情绪反应，不好不坏，也好也坏。一方面，愤怒使我们的注意力高度集中，进入生理应激状态，调动全部的能量和智慧去应对眼前的情境。人们认为要克制愤怒，因为愤怒会引发冲动行为，而所谓的冲动行为，其实是人类基于天生的情绪反应对于得失利弊的选择，这样的选择并不总是错的。愤怒可以激发我们采取行动捍卫自己的根本权利，当年日本侵略中国的时候，如果中国人没有义愤填膺、奋起反抗，那今天的中国会是怎样的呢？另一方面，压抑愤怒、忍气吞声的方式常常有不得已而为之的情由，虽然理性上可能满足了利益最大化的需要，但从情绪管理的角度来看，用委屈替代愤怒并非理想的方式。凡是不利于身心健康的情绪处理方式和结果，都不是我们进行情绪管理的最佳结果。

情绪管理并不等于自我压抑。克制和忍耐在很多人看来是理所当然的情绪处理方式，比如在不该发脾气的时候（发了脾气会使当时的状况恶化）压抑着不发。可是这个“理性”的选择往往并不能奏效，“不在沉默中爆发，就在沉默中灭亡”。由于攻击性的能量得不到释放或转移，长期压抑情绪的结果是身体会受到攻击，容易生病。

进行情绪管理也不要期望很快就能消除情绪，情绪作为一种防御性反应，是有缘由的。情绪的产生和消散，都需要一个自然而然的过程。与其强行压制情绪反应，不如让情绪保持流通，比如通过转移注意力来转换心情。女人们心情不好的时候去逛街，就是通过欣赏或购买喜欢的衣物来转换自己的心情。大多数人都有自己调整心情的方式，有的见效快（如向朋友吐槽、有氧运动），有的见效相对慢一些（如静思）。快与慢不是评判情绪管理好快的标准，情绪调节的主要目的是不让自己在一种负面情绪里停滞不前，不让不良情绪去制造不良后果。好的情绪管理是去体察情绪产生的深层原因，去发现每一种情绪问题背后的正面意义。

所谓情绪管理，就是我们要创造一个内在空间，去聆听它、接纳它。不仅接纳自己的情绪，也接纳他人发泄在我们身上的脾气。因为每一个情绪都会给我们一个信号，愤怒让我们意识到可能需要保护自己，悲伤让我们意识到我们内心深处可能有一些伤痛、创伤需要疗愈。情绪就像我们的朋友传达过来一个信息，朋友没有对错，只是给我们带来一个信息，我们可以把它（信息）变成一份礼物。

下次感到气愤难当的时候，不妨先跟自己沟通一会儿，告诉自己：“我可以愤怒，我的愤怒是有道理的。”当你的头脑中闪过愤怒的理由，愤怒好像不见了，取而代之的是理性的思考。同样，你的客户愤怒，你的上司愤怒，你不用跟他争执，你只要看着他的眼睛告诉他："你看起来很生气。"对方的情绪立刻就会得到缓解，因为他的愤怒被你接纳了。

3. 共情（Empathy）

自我觉察和自我管理都与自己的内心情感有关，而共情则与他人的情感有关。共情是读懂别人的情感并恰当地予以回应。

觉察自己的情绪是相对容易的，而觉察到别人的情绪，并且接纳别人的情绪却是不容易的。有时候我们看到别人有情绪，就贸然对他说："你看起来好像很生气。"对方不仅没有被安抚，反而因为我们讲了一句"废话"而更加气愤，这说明我们的体察不够准确。如果我们能知道他愤怒的背后一定是无助和创伤，我们就不会去跟他愤怒的表层对话，而当对方知道我们能够读到他的无助时，对方就根本不需要再用愤怒来对抗了。

共情能力是人类社会性的一种体现。小女孩儿玩布娃娃的时候，说布娃娃哭了、笑了，其实就是在尝试着产生共情。幼年时期这种以"我"为中心的共情建立在自身情感体验的基础上，将心比心，认为在相同的情境下别人也可能会有跟自己一样的情绪。长大后，随着社会阅历的增加，我们开始了解到人与人之间的不同，同样的事件、同样的环境下，带有各自过去经验与假设的你、我、他很可能会有不同的情绪反应。这个时候就需要站在他人的角度上、以他人的立场和经验去阅读对方的情感，这样才能给出恰当的回应。

4. 动机（Motivation）

动机是指内心的驱动力，通常与个人的喜悦、好奇心、价值观的实现相关。动机较强的人，善于运用内心深处的倾向推动并引导自己实现目标。

当我们不知道愤怒背后是一份无助的时候，我们会以为对方的愤怒是对我们的一种攻击，其实对方的愤怒只是要保护自己脆弱的一面。如果我们看到了对方愤怒背后的脆弱，你还会跟对方作对吗？特别是我们至爱的人。如果能够看到情绪背后的动机，我们就能很好地与对方沟通。人们通常所理解的高情商表现——察言观色，就是建立在对动机的体察之上。

所有的情绪在本质上都是某种行动的驱动力，即进化过程赋予人类处理各种状况的即时计划。情绪（emotion）一词源自拉丁语“motere”意为“行动、移动”，加上前缀“e”含有“移动起来”的意思，这说明每一种情绪都隐含着某种行动的倾向。情绪导致行动，这在动物或儿童身上表现得最为明显。情绪是深层的驱动力，在广义的动物世界中，只有在“受教化”的成年人身上，才会经常出现情绪与反应存在很大偏差的现象。

5. 社交能力（Social Skills）

社交能力涉及以上四个范畴的运用，将他人的需要与自己的需要进行协调。这包括找出与他人的共同立场、在工作环境中管理他人以及具有说服力。

由此可见，社交能力是一种复合能力，建立在自我管理与理解他人的基础之上，还需要沟通、管理等方面的技巧和经验。从这个意义上讲，我们把情商简单理解为社会交往能力，也是合理的。

第三节　情商与领导魅力

一、领导者的情绪劳动

每个人都需要管理好自己的情绪，让它尽可能不要对自己或他人产生负面影响，同时最好还能促进我们工作任务的完成。如果下属做不好，就需要领导者运用自己的情商帮助下属实现这一目标。

管理情绪，达到高情商表现，是一件同时消耗脑力与体力的事情，是一种劳动。领导者的影响力越强、影响范围越大，所要进行的情绪劳动就越多。比如某领导说："我每天到单位都必须精神饱满、斗志昂扬，这样下属们看到了才有干劲。哪怕我今天不高兴、很受打击，我也不能表现出来，必须把自己调动起来……"管理、调动好自己和他人的情绪，是领导者必做的任务，是领导者的情绪劳动。情绪劳动与其他劳动一样，会消耗能量，使人疲乏。

情绪劳动是心理、生理的连锁反应。脑干组织中的杏仁核管理着我们的情绪，控制着我们的行为。情绪智力的核心是杏仁核的工作机制与大脑皮层的互动。我们经常体验到的每一种情绪都会引发独特的生物学特征反应，已有研究发现：

1. 人在生气的时候，心跳加快，肾上腺素激增，为四肢的行动提供充沛的能量驱动，比如运载着能量的血液快速流到手部，以方便抓起武器或攻击敌人。

2. 人在恐惧的时候，大脑情绪中枢的回路会释放出大量使身体保持警觉的激素，人的感觉会变得敏锐，为行动做好充分的准备。血液会流到大块的骨骼肌，比如双腿，以方便逃跑，而且面部会由于血液的流失而发白（因此会有血"变凉"的感觉）。与此同时，集中精力分析当前的威胁，更有效地评估即将采取的行动。

3. 人在快乐的时候，主要的生理变化是抑制负面感觉，提升可用能量的大脑中枢活跃度增强，从而使产生忧虑情绪的大脑中枢趋于平静。此时的生理状态保持静止，身体能够得到正常的休息，同时为所要完成的任务以及朝着目标储备充足的热情和力量。

4. 人在坠入爱河的时候，会唤起温柔的感觉和性满足，同时还会唤起副交感神经——这和人在恐惧或生气时“战斗或者逃跑”的行动生理模式截然相反。副交感神经模式俗称“放松反应”，此时身体处于平静和满足的状态，易于合作。

5. 人在悲伤的时候，会降低生命活动的能量和热情，尤其是对娱乐活动或者享乐的兴趣降低。随着悲伤情绪的加深，会慢慢滑向沮丧，人体的新陈代谢就会减缓。这种内在的收缩会为个体创造机会哀悼损失或者幻灭的希望，领悟损失对人生的影响，并且在能量回升之后开始新的生活。悲伤的主要作用是帮助个体适应重大损失，比如亲人死亡或者极大的失望。

综上可见，人的情绪可以直接引起生理反应，可以调动体能，所以情绪劳动是脑力劳动与体力劳动的加总。一个领导者，如果经常需要调控自己在他人面前的情绪表现，就意味着他的机体可能时刻处于工作状态。

二、有魅力的领导有高情商

什么样的领导是有魅力的领导？每个人的答案可能不尽相同，或许野心勃勃，或许真诚可信，或许温文尔雅，或许能力卓著。无论你喜欢哪种类型的领导，都有一个共同点，即你相信跟着他 / 她，你可以更加靠近理想的自己。

有一个真实的故事：时任耶鲁大学研究生院院长的心理学家沙洛维即将接受美国总统克林顿的接见，在会场外的停车场里，他不小心把自己的车横插在总统的加长豪车前面。保安冲他挥手要把他赶走，这时，豪车的车窗摇了下来，克林顿探出头来，对保安说这是他的朋友沙洛维院长。10 分钟之后，总统正式接见了沙洛维，想起刚才的一幕，他的心怦怦直跳，但是脸上还要强作欢颜，勉强挤出一丝笑容。克林顿仿佛从他的面部表情中看出了他的紧张，微笑着迎上前来，紧紧握着沙洛维的手说：“你不记得了吗？我们是老朋友了。你不用紧张，因为我是来这里拜见你的。”

2016 年沙洛维在北京大学发表公开演讲，谈起这桩自己亲身经历的糗事时说：“实际上我们这对老朋友只认识了 10 分钟，而且不是他来拜见我，而是我去拜见他。”作为一位资深政治家，克林顿显然具有很高的情商，看出了沙洛维的面部特征所代表的情感。“我的嘴在笑，而眼睛没有笑，要知道，真正的笑容是眼睛和嘴都放松的那种发自内心的笑容。察言观色就是情商的一种表现，克林顿总统想帮助我管理我的情绪，让我感觉更好。”

克林顿作为一位曾经在美国大选中胜出的总统，毫无疑问是具有超凡的领导魅力的，而高情商恰恰是其领导魅力的一个重要保障。

《荀子·劝学》中说：“玉在山而草木润，渊生珠而涯不枯。”即宝玉藏在山中，连山上的草木也显得滋润；珍珠产在深渊里，连涯岸也显得不干枯。情商就像宝玉和珍珠一样，存于领导者的内心，不经意间展露于种种行为之中，让他人“感觉更好”，从而自发地信服、支持、追随他，这就是领导者的魅力。

三、善于管理情绪的人适合当领导

《三国演义》大多数人都读过，很多人利用其中的人物来研究做人做事的道理。比如，张飞其实死得很憋屈，他没有死在杀敌的战场，却死在自家的军营里。关羽被害后，张飞抑制不住哀伤，借醉酒鞭打士兵，要他们日夜赶制白旗白甲，想要马上为兄弟报仇。作为个人，这样的情义让人感动，可是作为将领，这样的做法显然太过自私。最后部下范疆与张达忍无可忍，趁张飞再次醉酒时将他刺杀在军营里。论冲锋陷阵，没人否认张飞的能力，正因为能力强才有了做领导的机会，却因管理不好情绪而枉死在了领导岗位上。现代跟古代当然不一样。古代像张飞这样的人，即使不懂情绪管理，至少还可以上沙场杀敌。现代人如果让感性情绪控制了理性思维，可能连混下去都很难。真正优秀的人以做事为主，懂得将损害大局的情绪摆在一边。管理好情绪，才能获得最后的成功。

善于管理情绪的人更适合做团队领袖，同时代的两位足球明星梅西和巴洛特利的性格差异就很能说明问题。巴洛特利天赋异禀，但脾气火暴，动不动就骂人动粗，在训练时会与队员内斗，在比赛时会与对方球员、裁判甚至球迷冲突，被媒体讽刺为“无脑”，而梅西则是一位球场上的谦谦君子。两人的名气和天赋不相上下，但是巴洛特利直到现在还没拿过金球奖，尽管 27 岁的他已经不能再被称为神童了，而梅西则是拿奖拿到手软的天皇。放纵情绪其实也是在挥霍自己的才华，像梅西一样的人知道，与其将激情挥洒在外，不如省下力气想想如何让自己变得更好。

那些成就卓越的人并不是没有情绪，他们只是不被情绪所左右。荀子认为君子应该“怒不过夺，喜不过予”，生气时不会失去分寸，高兴时也不会显得过分，能够有所克制而不放纵私欲。

“年少轻狂”“年轻气盛”这些词语通常用在生活阅历较少的年轻人身上是中性的，虽有不足但是可以理解，但是如果说一个五十岁的是“冲动妄为”就明显表示不赞同了。在该隐忍的时候隐忍，该爆发的时候爆发，是一个人成熟的标志。

领导者的共性之一是能忍。忍字心头一把刀，隐忍是不随意发作，有经验的领导者都有自己的疏解方法。比如美国总统林肯会用写信的方式疏解怨气。有一次，陆军部长向他抱怨受到了一位少将的侮辱。林肯建议对方先写一封尽情发泄愤懑的辱骂信作为回敬。信写好了，部长正要把信寄出去时，林肯又让他把信销毁，坦言：“我生气的时候也是这么做的，写信就是为了解气。如果你还不爽，那就再写，写到舒服为止！”

同样的道理，我们如果不喜欢写信，也可以选择一项自己喜欢的、可以沉浸其中的活动来调节情绪（详见第二章、第三章）最高的境界是孔子所讲的“恕”，恕己恕人。这样的境界，必是见惯人情冷暖、历经沧海桑田之后依然心存仁爱的人才能达到，就像小说《神雕侠侣》中的杨过，半生坎坷，终成大器，断臂之后依然宽恕了从小就欺负自己的郭芙。杨过并非没有怨愤，而是生活的磨砺让他更懂得珍惜，因珍惜生命中的美好而宽恕他人的错待。

管理情绪可以说是领导者面临的一项无法逃避的重大挑战。无论是从个人健康还是工作成效的角度来看，善于管理情绪的人更适合做领导者。同时，情绪管理的能力也会随着领导经验的积累而得到提高。

第四节　领导需要提升情商

一、提升情商更健康

1. 情商与心理健康

如上一节所述，从个人健康角度来看，善于管理情绪的人更适合当领导，反过来领导也需要不断提升自己的情商才能保证身心健康。

心理健康的标准是：清晰的自我意识，良好的人际环境适应，稳定的情绪情感状态，健全的人格结构，同情心和社会责任感，宽容、尊重、理解。

医学报告显示：相对而言，现代管理者患高血压、心脏病的概率很高，情绪压抑现象很普遍。很多管理者在现实生活中常常会被周围发生的人和事所左右，即不喜欢的人出现或者不喜欢的事情发生都会影响他们的情绪，于是他们常常怨天尤人。此时的管理者，不是以一种主体的行为去观察这些事情，而是像一面镜子，外界来什么，自己直接就在上面反射出什么。此时此刻，他们已经丧失了主体性，没有了自己的思维，做了外界事物的奴隶，也做了自己的不良心性的奴隶。

如果一个人与生俱来的主体性处于一种休眠状态，在纷繁复杂的管理系统中不能使用他的独立思维，任何事情都会影响他的思维，就会产生不适宜的情绪，影响他的理性判断，那么这种状态就很容易被人利用，比如会做傻事，做让自己后悔的事情，受他人驱使。

2. 领导者的心魔

人类通过种植庄稼、果树等获得食物，所以我们把有些导致果树或庄稼产量少的虫子认定为害虫，甚至有一段时间还曾经把麻雀定为“四害”之一而格杀勿论。但是科学研究发现，麻雀主要吃的是虫子而不是庄稼；而很多所谓的“害虫”本来就是与植物共生的，完全没有“害虫”的植物，其生命力会下降。当我们喷洒大量农药为庄稼除害虫的时候，有没有审视过自己内心的动机和信念，有没有反思过这样做究竟对不对？

害虫，不在外面，而是在人自己的心里。或者说，当我们看别人或外在事物不顺眼的时候，就表明我们自己有了心魔。心魔是一种严重的思维障碍，最明显的表现就是怨天尤人。如果人们没有深沉的信仰，就很难有稳定的价值取向和是非评价，稍有不如意他们就会咒骂世俗，怨恨外界条件差，抱怨员工素质低，等等。西方文化认为，人的心中有一个天使和一个恶魔，即善恶两面。“心魔”就是人心里的恶魔，也可以理解为精神上的缺陷。我国传统文化中儒家和法家对于人性本善或本恶也有争议，但无论哪一种观点都强调后天教化的作用，这说明人心的善与恶是可以转换的，善恶有时只在一念之间。

心魔可能一直存在，可能突然产生，可能隐匿，也可能成长；心魔可能吞噬人，也可能历练人。人们常说的“战胜自己”，其实就是指战胜自己的心魔。不战胜自己的心魔，就不会取得实质性的进步。心魔既是进步的瓶颈，也是进步的阶梯。人有心魔不可怕，可怕的是发现不了自己的心魔。觉察心魔是认识自己的必经之路，突破心魔是自我成长的重要标杆。

对于管理者而言，当他抱怨外界事物的时候，当他困于所感到的痛苦的时候，也就是说，当他不高兴的时候，就需要进行深刻的自我觉察：我是不是被心魔控制了？

人的欲望如果无止境，心魔就会无限大。很多落马官员在忏悔反思的时候都会说，自己一开始走上领导岗位的时候，人家送他几千块钱都会觉得烫手，坚决不收。但是随着在领导的位子上越做越久，官越当越大，渐渐地几千万都敢收，还会自我安慰、心安理得。为什么呢？因为人变了。对自己的认识变了，对工作、岗位的认识变了，对他人的认识变了，心魔胀大了。

“领导”对于领导者个人而言，在本质上是一种社会角色。这种社会角色的特殊性在于附带超出其他角色的权力和责任，是一种很有挑战性，同时也很容易让人自我膨胀的角色，稍不留意心魔就会胀大，挡住清醒自查的视线。

3. 优秀领导和精神病人

有一本曾经非常流行的心理学书籍《天才在左，疯子在右》，阐述了超凡人才与精神疾病的关系，引起了大众的广泛兴趣。

天才群体一直以来都是心理学家的兴趣点之一，国内外研究者通过访谈、传记、心理测量等多种方法分析了科学家、艺术家、政治家、企业家的个性特点，试图总结出他们超凡脱俗的根本原因。结果发现，每个人的成功之路都不可复制，每个人都有自己独特的个性组合。如果一定要在这些天才之中归纳出一些共性的话，那就是对某件事物像疯子一样地执着。这种执着具体表现为：内部驱动的动机、坚韧不拔的毅力以及不惧人言的自信。想想秦始皇、拿破仑、希特勒、乔布斯、韦尔奇甚至美国现任总统特朗普这些著名领导者，圣人也好恶魔也罢，似乎都有一种与众不同的疯狂或者另类。

从精神疾病的角度来讲，具体精神病性表现甚至患有某种程度精神疾病的大人物也有不少。精神病学家纳西尔・格哈伊米（Nassir Ghaemi）认为，双相障碍（bipolar disorder）在危机中是一种优秀的领导者品质。这种精神症状的特征是：在抑郁期内，对他人感受特别敏锐，对事物的认知格外客观；在躁狂期内，对挫折有极大的忍耐力，并具有解决问题的创造力。他举了丘吉尔和圣雄甘地的例子，依据其自述，这两位重量级的政治领袖都被诊断为患有双相障碍［《一等的疯狂（A First-Rate Madness）》］。丘吉尔有一句名言："心中的抑郁就像只黑狗，一有机会就咬住我不放。"丘吉尔之后，黑狗（blackdog）便成了英语世界中抑郁症的代名词。

精神疾病最大的特点之一，就是严重影响一个人的社会功能和身心健康。绝大多数患有精神疾病或症状的人，无法与他人建立长久、稳定、和谐的人际关系，自然是情商极低的代表，更不可能成为领导者。精神障碍的种类很多，只有少数几种精神障碍在特定的情境下可能对领导者有积极的影响，而且从个人终生发展来看，这少数几种精神障碍的积极作用可能远远小于它们的消极作用。

尽管我们看到有些领导者确实具有一些超乎常人的甚至有些精神病态的特质，但这并不意味着只有精神病人才能成为出类拔萃的领导者，更不能说领导者都有一些精神病态。绝大多数情况下，情商高的人心理更健康，也更有可能成为领导者。

二、提升情商少犯错

领导者要尽可能地少犯错误，特别是方向性、原则性的大错误。很多大错误都是多次小错误不断强化、越走越偏的结果。为什么会有这样的“规律”呢？情商不够造成判断失误是一个重要原因。这个情商是真正的为人和处世，包括前面所讲的自我觉察、自我管理等内容。领导者往往会有更多机会接触到诱惑和负能量，在这种情况下，看不到自己的狂妄，管理不好自己的愤怒，控制不好自己的欲望，这些都说明情商不足，容易被诱惑驱使、被负能量左右。

中组部研究室副主任徐文秀曾撰文《做人做事做官“十忌”》《做人做事做官“又十忌”》，强调这些内容都“是从一个个教训和一次次失败中汲取总结出来的”。他说：“可以说，每个人身上都有正负能量，就看正负能量大小多少和此消彼长。这里的‘又十忌’加上此前的‘十忌’，都是应该克服的人性弱点，都是需要抑制和战胜的负能量。”

克服人性弱点不仅需要决心和意志，更需要良好的自我控制力和恰当的表达能力。这种能力往往不是智商而是情商。那么做人做事做官究竟有哪些忌讳，又如何克服呢？

徐文秀总结的第一条禁忌就是：“霸气、傲气、神气是折戟沉沙的‘滑铁卢’。”人应该大气但不可以霸气。大气之人语气不惊不惧，气势不张不扬；而霸气之人则行事张扬霸道、专横跋扈，霸气十足的人让人畏惧。人应该有傲骨但不可以有傲气。傲气之人往往自命不凡，目中无人，傲慢而狂放，当一个人沾染上了傲气就会飘飘然，就会看起来很嚣张。傲气十足的人让人远离。人可以得志但不可以得意，得意容易忘形，得意忘形便是一种神气。神气的人往往趾高气扬，不可一世，听不进批评和忠告，辨不清真假与是非。人的思想可以高人一筹，但言行切不可以高人一等。霸气、傲气、神气的人无形中高人一等，拒人于千里之外。“三气”往往是一个人失败的先兆。

反观己身，霸气、傲气、神气这三气都是在日常工作与交往的情绪中表现出来的。很多领导干部没有意识到自己有霸气与傲气，或者自以为掩藏得很好，殊不知在与同级同事、下属以及群众沟通、交往的过程中，这“三气”总会不知不觉地冒出来。比如，有些领导喜欢自说自话、不关注听话者的反应；有些领导总是皱着眉头，让对方清晰地感觉到领导的负面情绪；有些领导因为下属经验、能力不如自己而对下属缺少耐心；等等。这些都是小问题，却可以很快磨掉一个工作团队的锐气和凝聚力。

徐文秀还提出：“浮躁、急躁、暴躁是功败垂成的‘加速器’。”他认为，当下社会，最容易犯的毛病是躁，缺乏平和之心、平静之状、平淡之态，“慢一点、静一点”成了一种稀缺。当看到人家成功或者提拔重用时，“羡慕嫉妒恨”之外，焦躁不安、心神不定；当自己遭遇到一些不顺、不公或不利时，沉不住气、静不下心，耐不住寂寞、挡不住诱惑、坐不住冷板凳，“猴子屁股坐不住”。现在很多时候，不缺心中添把火，但缺心中洒点水；不缺干劲，但缺韧劲；不缺激情，但缺沉稳。浅水喧哗，深水沉静，欲成大事，得学会沉稳。急躁、暴躁缺失的是理性、理智和沉稳，带来的是一时冲动，造成一世追悔。很多事情就因为没有“控制住自己”“把握好自己”，而酿成不可收拾的结果，或前功尽弃，倒在了成功前的“一米线”上。

领导有时候会生气，有时候会利用“生气”来震慑下属，有些气可以发，有些气却需要自行消化。比如，与同事斗气、与上司赌气、拿下属撒气的领导者，看似威风自在，实质上却是英雄气短。人要学会争气而不斗气、消气而不赌气、鼓气而不泄气。你争我斗伤的不仅是面子，还有里子，相互拆台往往两败俱伤、共同垮台。人可以红脸但不可以翻脸，斗气就是翻脸。斗气、赌气、撒气，说白了都是在发泄内心郁积的一种不满、不平的情绪，有的拿人出气，有的则拿事说人，有人指桑骂槐，也有人“撂挑子”“卸担子”。人们常说“冲动是魔鬼”，脾气谁都有，怎么处理确实是一个大问题。如果说不敢发脾气是一种懦弱，那么把脾气压下去则是一种修养。世间只有回不去的，没有过不去的，忍一忍就过去了，让一让就没事了。内心的“气”发出来可能会一时痛快，但带来的也许是对自己深深的伤害。人与人、人与事可以较真儿，但千万别较劲儿。赌气有时“堵”的恰恰是自己的路，撒气后倒霉的恰恰是自己。就像那个广为人知的故事所描述的那样：一名经理在公司里因项目进展不顺利冲下属发脾气，下属回家后把火气撒向了妻子，责备妻子做菜难吃，妻子感到气愤就又责备儿子不如别人家的孩子优秀，儿子一气之下把书、本、笔顺着窗户扔到了楼下，正好砸在经理的脑袋上……

当我们清醒的时候，很多错误都不会犯，但如果一直保持清醒则很难。强烈的情绪会干扰人的理智，让人变得不清醒，愤愤然或者飘飘然。所以，领导者提升情商最根本的出发点就是保持清醒的认识，对自己、对他人、对组织、对社会都需要有清醒的认识，才能少走弯路，不走错路。

附：徐文秀《做人做事做官“又十忌”》

做人做事做官要做好“加减乘除”。正的方面要多做加法、乘法，负的方面要多做减法、除法，这样的人生才盈亏有数，才有胜算。“忌”，就是不要想、不要做，它们好比人生路上的一个个陷阱，掉下去就爬不上来。之前写过一篇“十忌”，这里再续“十忌”，慎之戒之。

（一）盲目、盲从、盲干是事倍功半的“墓志铭”

盲目者没有方向、看不清目标，盲目的人往往心中无数、脑中无事、眼中无活；盲从者没有主见、缺少主心骨，盲从的人常常随波逐流、人云亦云，“跟着感觉走”是他们的标签；盲干者没有章法、不讲道理，盲干的人经常使的是蛮劲，走的是“偏锋”，甚至逆潮流而动、违规律而行。盲目盲从盲干的人干不成事、干不好事，“拍脑袋”是他们的习惯，“拍胸脯”是他们的爱好，“拍屁股”是他们的伎俩。我们反对盲目，但不盲目反对，即便是反对也拒绝盲目，足见盲目是“罪魁祸首”。盲目的人必定盲从盲干，最终因为“盲”而“瞎忙”，落个事倍功半甚至一事无成的结局。

（二）势利、功利、近利是鼠目寸光的“自画像”

“贫居闹市无人问，富在深山有远亲”，这是对势利者的真实写照。对有钱有财、有权有势者百般趋奉、卑躬屈膝，反之则轻视疏离，乃势利者的通病。势利，古今中外不乏其人，这种人可能会得势于一时，但绝不会得势于一世，而且下场往往可悲可怜、可叹可惜。势利是小人的符号和嘴脸，也是人性的一大弱点。势利小人源于功利心太重，做什么事都把个人的利益、好处算计得很清楚，而且奔着好处去。一个把自己的功名利禄看得太重、举得太高、想得太多的人，势必会去追名逐利、急功近利，变得世俗世故，甚至会不择手段、不顾廉耻，没有底线、没有节操。势利功利近利皆因一个“利”，“利”不可没有、不该不讲，但切不可大讲特讲。《围炉夜话》中说“人品之不高，总为一利字看不破”，重利品不高。淡泊名利方能致远，也才能成大器；反之，将鼠目寸光、为利所困。

（三）虚话、虚功、虚招是自欺欺人的“假把式”

做人做事最怕虚、最忌虚。说虚话、出虚招、做虚功，既误事又坑人还害己。说虚话的人，不是一是一、二是二，出的招、做的事都不靠谱，带着水分、不实在，是玩虚的。鲁迅先生笔下的“今天天气哈哈哈”，现实中如“领导，我给你提个意见，你的缺点就是工作太投入，不注意休息、不注意身体”等都是典型的说虚话、玩虚招。顾左右而言他，避实就虚、去里言表，是忽悠人的表现。“千招万招，不落实都是虚招”“这样子那样子，不见效都是做样子”，做样子就是做虚功。虚话虚招虚功，冒的是虚汗，出的是虚火，都是虚晃一枪白费劲，无济于事、自欺欺人。

（四）心急、心黑、心狠是半途而废的“刽子手”

俗话说：“心急吃不了热豆腐。”凡事别太急。而所有的急都是心急，心急是焦虑的表现。人生如白驹过隙，当然要只争朝夕，但切不可心急火燎，因为很多时候成败得失不是只看朝夕。“人心不足蛇吞象”的典故告诉我们，人心不要太大、太黑，欲望太强、贪心太重，心大心黑最终会落个“蛇吞象”的悲惨结局。心大的人会变得心黑，心黑的人会变得无耻。心黑就会下狠手，这样的人必定心狠。心狠必定手辣，这样的人大多自私冷漠，为了一己私利可以置亲情、友情、爱情乃至人性于不顾。它与善良绝缘、与仁厚相悖。心黑心狠的人或许能干成一两件所谓的“大事”，但最终会众叛亲离、遭人唾弃。

（五）松懈、松垮、松劲是我行我素的“麻醉剂”

“歇一歇、喘口气、乘乘凉”，这是松懈者的口头禅。松懈的多半是思想和心理、精神和情绪，表现为注意力不集中、意志力不坚定。思想松懈是一种思想上的滑坡和疲劳症，也是思想“被按摩”的结果。思想上松一寸，行动上就会散一尺。当一个人思想松懈之后，就会作风松散、行为松垮、做事松劲。自由散漫惯了是很可怕的，它会让人变得无所谓和不以为意，变得我行我素、随心所欲，头脑中缺一根弦、身子上缺一股劲。人是需要一种精神和一股气的，逆水行舟不进则退，一丝松懈和退却则会一泻千里。

（六）圆滑、油滑、狡猾是待人接物的“假面具”

说人不关痛痒、论事不知所云、道物不置可否，此乃圆滑油滑狡猾的现实写照。这种人在官场叫“官油子”，在社会被称为“老油条”。人之圆滑，堪称是人的一种本能，倘若以圆滑而达自我保护之效且无害他人之果，似乎也在情理之中、无可厚非。然而，不少人视圆滑为中庸，甚至奉圆滑为圭臬，作为不担当、不担事的处世哲学，大搞明哲保身，成了左右逢源的骑墙派，而且不以为耻、反以为荣，不以为戒、反以为乐。这就颠倒了是非、混淆了对错、模糊了好坏，败坏了风气。圆滑与油滑是孪生兄弟，圆滑的人表现得都油嘴滑舌，特别善于耍嘴皮子，显得油腔滑调、不踏实；油滑不是幽默，而是不正经、小混混，给人轻浮之感，让人反感。狡猾则更进一步，是圆滑油滑的一种极致，它诡计多端不可信，阴险奸诈不可交。做人切莫圆滑油滑狡猾，自以为聪明却误了卿卿性命，自以为左右逢源却左右不是人，落个聪明反被聪明误。

（七）耍赖、抵赖、无赖是道貌岸然的“马赛克”

赖者，不认账、不认责、不认过也。依程度轻重，可分为耍赖、抵赖和无赖。轻者可谓耍赖，好比调皮的小孩子，淘气得让人哭笑不得，它更多耍的是脾气，耍的是心眼。抵赖则罔顾事实、编织谎言、百般狡辩以否认过失乃至罪行，抵赖的人可以昧着良心、睁着眼睛说瞎话，其实这样的人已经无疑是个无赖了。如果说耍赖的人尚且可以“救死扶伤”的话，那么无赖之人则病入膏肓、无药可救了。如果说耍赖只是坏到刚刚好，那么抵赖、无赖则是坏透了，无赖无异于流氓、恶棍和地痞，市井无赖只会死乞白赖。做人切不可成为无赖之徒，抵赖无赖的没有一个有好下场。

（八）撒谎、撒泼、撒野是为人处世的“粉碎机”

人这一生不可能没有撒谎过，撒谎似乎是一般人的天性。然而，人不可以撒大谎，也不可以常撒谎，更不可以一辈子撒谎。不管怎么说，撒谎都是不诚实的表现，不管出于什么目的，撒大谎和常撒谎都是不可以原谅和宽恕的。撒大谎和常撒谎，既失信于人，又让自己背上沉重的精神十字架。撒谎多的人没有朋友。如果说，撒谎折射出一个人修养低下，那么撒泼和撒野则折射出一个人教养缺失。撒泼、撒野的人言语放肆、行为放荡，粗俗无礼、任性无边，既不尊重别人又不尊重自己。那些撒泼的“路怒”、撒野的“雷语”，最终都要为自己的任性放肆而埋单，付出沉重代价。

（九）发泄、发飙、发狂是人生休克的“注射剂”

现实中有些人的美好前程往往定格在发泄的那一刻，秒杀于发飙、发狂的那一瞬间。人得学会忍，学会忍受、忍耐、忍让。俗话说：“忍得一时气，免遭百日忧。”忍，既能“免遭忧”“不乱大谋”，又能修身养性。发泄发飙发狂虽然一时痛快爽快，却常常让人追悔莫及。把脾气发出来是本能，把脾气压下去是本事。人有情绪当然可以也应该发出来，但能管理好和控制住自己情绪的人才是大丈夫和真君子。

（十）小山头、小圈子、小团伙是做人为官的“大黑洞”

为官从政怎样才能行得稳、走得远，才能健康安全可持续，过去很多人迷信“拜码头”“进圈子”，似乎那样安全可靠，所谓“背靠大树好乘凉”“朝中有人好做官”。于是攀高枝、抱大腿、找靠山，热衷于搞什么“同学会”“战友圈”“乡友团”，甚至搞江湖式的“金兰结义”等，似乎进了圈子就可以屏蔽不相关的人，可以一荣俱荣。残酷的现实是，上山头不易下山头更不易，进圈子不易出圈子更不易。靠山容易成为“火山”，圈子容易画“圈”为牢。“我们都是来自五湖四海，为了一个共同的革命目标，走到一起来了”，干事业要靠班子不靠圈子，靠团队不靠团伙，搞小山头小圈子小团伙那一套，总有一天会出事！

可以说，每个人身上都有正负能量，就看正负能量大小多少和此消彼长。这里的“又十忌”加上此前的“十忌”，都是应该克服的人性弱点，都是需要抑制和战胜的负能量。当一个人身上的正能量多于负能量或正能量战胜负能量时，便是阳光、清新、明媚的人，便是健康、纯粹、高尚的人。唯此，才能做人有胆有识、做事有声有色、做官有模有样。

C H A P T E R 0 2

第二章

情商与调控情绪

情商的关键基础是什么？不是察言观色，而是管好自己。

管好自己的关键是什么？不是隐忍不发，而是调节与掌控。

情绪调节的经验我们从小就有，那么在成功与失败之间，有怎样的规律和缘由呢？哪些策略与方法又是适用于自己的呢？

在选用策略与方法之前，我们需要了解情绪。在这一章里，我们将从科学与经验两个方面认识情绪是如何产生的，情绪对于生活有什么样的意义，如何理解自己与他人的情绪。在此基础上，我们将分析一些领导者在工作中常有的情绪，并探讨适合于个人的情绪调节的办法。

第一节　情绪从何而来？

一、情绪大脑的发育

1. 情绪中枢的起源——脑干

考察人脑的进化过程可以帮助我们更好地理解情绪对理性心理潜在的控制作用，以及情感和理智容易打架的原因。人脑由细胞和神经液组成，重量大约是二斤七两（三磅），是其他灵长类动物大脑重量的三倍。人脑自下而上生长发育，经过几百万年的进化，由较低级和较原始的部分发育进化出较高级的神经中枢，这一进化过程大致与现在人类胚胎的大脑发育过程相同。

大脑最原始的部分是包围在脊髓顶端的脑干，位于大脑最下端，主导呼吸、人体其他器官的新陈代谢等生命基本功能，同时控制刻板（自动化）反应和动作。脑干没有思考或学习的功能，它只是一个预先设定程序的自动调节器，其作用是维持身体的正常运转，并做出确保生存的反应。在爬行动物时代，脑干的功能代表了生物的智能水平，比如我们轻轻敲击乌龟的壳，它会立刻把头和四肢缩进壳里。

脑干是大脑最原始的部分，也是情绪中枢的起源。人类情绪最早起源于嗅叶，即接收并分析气味的细胞。每一种活的个体，无论是好吃的还是有毒的，无论是性感的伴侣还是天敌或者猎物，都携带着一种独特的分子标签，可以在风中传播。在原始时期，嗅觉对生存具有至关重要的意义。

原始的情绪中枢从嗅叶开始进化，最终发育成足以环绕脑干顶部的构造。在最初阶段，嗅觉中枢由分析气味的神经元薄层组成，其中第一层细胞接收闻到的气味，并进行分类：好吃的或者有毒的，交配对象、天敌或者猎物；第二层细胞通过神经系统向身体发出反射信号采取行动：吞咽或者呕吐，接近、逃跑或者捕捉。好与恶，接近、远离或决斗，就是生物最基本的情绪反应。

经过几百万年的进化，情绪中枢进化成为会思考的大脑，即“新皮层”，我们将它称为“思考脑”。这层充满褶皱的、像灯泡一样的器官位于大脑的最外层。思考脑从情绪脑进化而来，这一现象很能说明思维和情感的关系：情绪脑的出现要早于思考脑，更进一步说，情绪比思维具有更原始、更本能的意义。

2. 情绪的产生——边缘系统

最早的哺乳动物出现之后，情绪脑新的关键神经元层也形成了。新兴脑的新神经元层包围着脑干，像U形枕头一样，脑干正好安放在中空的底部，根据它的形态命名为“边缘”（limbic）系统，“边缘”一词来源于拉丁语“limbus”，意为“衣领”。这一新的神经区域为大脑的指令系统添加了恰当的情绪。当我们渴望或愤怒的时候，因坠入爱河而兴奋或因恐惧而退缩的时候，正是受到了边缘系统的控制。

边缘系统进化出了两个强有力的工具——学习和记忆。这种革命性的进化使得动物的生存抉择更加明智，能更好地适应环境变化的要求，而不是依靠遗传获得的信息做出一成不变的自动反应。如果某种食物吃了会有不适反应，记住了下次就不会再吃。什么能吃、什么不能吃依然主要由嗅觉决定；嗅球和边缘系统之间的联结组织负责辨别各种气味，比较当前的气味与以前的气味，区别好的气味与不好的气味。这个功能是由“嗅脑”（rhinencephalon）来完成的，“嗅脑”的字面意思是“鼻子脑”，属于边缘系统神经网络的一部分，也是思考脑新皮层最基础的系统。

3. 情绪的复杂化——新皮层

大约在1亿年前，哺乳动物的大脑发生了生长突增，出现了新的大脑皮层。和最初的两层大脑皮层相比，新皮层具有异乎寻常的智能优势，因此科学家认为，哺乳动物具有比其他物种更高的智力，其中尤以人类为代表。

“智人”的新皮层比其他任何物种的都要大得多，这正是人类所独有的。新皮层是思想的所在，它包含综合和理解感觉的神经中枢。新皮层还使我们的思考伴随着某种感觉，而且使我们对观点、艺术、符号和图像等产生感觉。

在进化过程中，新皮层具备的精妙调节功能使生命机体在趋利避害方面具有巨大的优势，而且更有可能向后代遗传包含同样神经回路的基因。新皮层具有制定策略、做出长远计划和其他谋略的功能，这是生死攸关的优势。除此之外，艺术、文明和文化的繁盛也是新皮层结出的硕果。

大脑新皮层还为情绪生活增添了色彩。比如爱情，边缘结构能够产生愉悦和性欲的感觉，即激发性欲的情绪。而新皮层的出现及其与边缘系统的联系，使得母亲与孩子的联系更为紧密，这种联系是家庭单元的基础，大脑的这种进化结构使母亲负有长期抚养孩子的义务，从而使人类的发展成为可能。人类父母对孩子的保护会一直持续到孩子成年，横跨漫长的童年期——儿童的大脑在这期间发育。

新皮层使情绪生活更加微妙和复杂，比如对自身产生感觉的能力。灵长类动物的新皮层与边缘系统比其他物种要发达得多，其中要数人类的最为发达。这表明人类能够对情绪产生更为广泛的反应，而且更加微妙。对于危险和恐惧，野兔和恒河猴有一套相对固定且有限的典型反应，但是人类拥有更发达的新皮层，所以它的指令系统更加细致多变，可能会打电话报警，也可能寻找工具自卫。社会系统越复杂，这种弹性处理就越重要。因此，没有哪一种生物比人类更加复杂。

新皮层虽然是大脑的高级中枢，但并不能控制全部的情绪生活。对于心灵至关重要的问题——尤其是情绪的紧急状况，新皮层需要服从边缘系统。由于大脑的高级中枢发源于边缘系统，或者说扩展了边缘系统的功能范围，情绪脑在神经结构中扮演着关键的角色。情绪脑是新大脑发育的基础，情绪区域通过神经回路与新皮层的所有部分产生了千丝万缕的复杂关系。换句话说，情绪中枢对包括思考中枢在内的大脑其他部分的运作具有强有力的影响。

二、情绪是行动的驱动力

我们不止一次地被这类新闻所感动：天灾人祸（客车翻车、地震、火灾）发生时，父母往往会在生命的最后时刻竭尽全力给孩子创造一丝生存的希望。这种伟大的举动体现了人类不可思议的勇气。毫无疑问，亲代为子代牺牲的现象在史前时期以及人类有历史记载以来一再出现，如果放眼更加漫长的人类进化过程，这种现象更是数不胜数。从进化生物学的角度来看，亲代的自我牺牲是为了“成功繁殖”，即把自身的基因传递给未来的世代。不过对于紧急关头奋不顾身的父母来说，这一切都是出于爱。

从情绪的功能和潜能角度分析，舍己为子的故事表明了无私奉献的爱以及各种情绪在人类生活中的作用。这说明我们最深层的感受、我们的激情和渴望是最根本的向导，人类得以生存和延续在很大程度上要归功于情绪对人类行为的影响力。情绪的力量非常强大，只有强烈的爱——挽救爱子的迫切感，才能让父母克服自身的求生欲望。从理性角度看，他们的自我牺牲是非理性的；但从感性角度看，牺牲是他们的唯一选择。

情绪的力量是巨大的，人的行为由情绪驱动，汽车由马达驱动。强烈的感性会战胜理性，为朋友两肋插刀，为亲情忍受痛苦。当人被情绪控制的时候，可能会失去理智。因此管理情绪至关重要。

社会生物学家提出了感性压倒理性的观点。当一些挑战任务过于重大、超出了理智思维的处理能力，比如危险、痛苦的损失、百折不挠坚持目标、建立人际关系、组建家庭等，就需要由情绪来指导我们应对这些艰巨的挑战。每一种情绪相当于一种独特的行动准备，指导我们按照过去被证明行之有效的方法，去应对人类生活中反复出现的挑战。

回想一下自己的工作和生活经验，我们会意识到，在进行决策和行动时，感觉的作用等于甚至常常超过思维的作用，尽管我们一直在强调以智商为衡量标准的纯粹理性在人类生活中的价值和意义。不管怎样，当情绪占据支配地位时，智力可能毫无意义。

人和动物的区别在于理性，人如果失去理性就是动物。人的欲望无限，而资源有限，因此必须学会管理欲望。情绪无限，而自由的空间有限，因此必须学会控制情绪，不能让情绪泛滥。但是仅靠个人意志是很难实现的，因为情绪压倒理性是人类漫长进化过程的产物，就像电脑开机后自动运行的程序一样。

从情绪基础神经回路的生物设计机制来看，人类与生俱来的生物构造在是在过去 5 万个世代被证明行之有效的机制，而不是过去 500 个世代，更不是过去 5 个世代才确定的。缓慢而精妙的生物进化力量塑造了人类情绪。这一过程已经经历了 100 万年；而在最近的 1 万年中，尽管人类文明迅速发展，人口从 500 万膨胀到 50 亿，但这期间在人类情绪生物机制上几乎没有留下任何痕迹。

今天社会发展的速度如此之快，过去缓慢演进的程序不再适应今天的环境，甚至可能造成困境甚至导致悲剧。因此要进行人为干预，实现新环境下的演进，让理性战胜感性。

三、情绪是身体健康状况的反映

《人民日报》微信公众号的一篇文章指出，目前与情绪有关的疾病已经达到 200 多种，而且在所有患病人群中，70% 以上都和情绪有关。恐惧、焦虑、内疚、压抑、愤怒、沮丧……每个人的身体里，都有一张关于情绪的地图。70% 以上的人会受到情绪对身体器官的“攻击”，比如“癌症”与长时间的怨恨有关，常受批评的人容易得关节炎，等等。这不是老生常谈，也不是广告宣传，而是简单而又复杂的规律。说简单，是因为结论简单；说复杂，是因为情绪与身体健康的关联非常明显，机制却很复杂。总而言之，如果您想不得病，就请做自己情绪的主人。

1. 情绪是身体的报警信号

现在人们最常说的一个字是“累”，上班累，回家也累，工作累，带孩子也累，吃饭聚会都觉得累，不仅身累，心更累。生存压力让很多人越来越情绪化，有些情绪连自己都没意识到，身体却早已经发出了“报警信号”。研究表明，当人情绪变化时，往往伴随着一系列生理变化。比如，感到恐惧时，人的瞳孔会变大、口渴、出汗、脸色发白、四肢颤抖；情绪低落或过度紧张时，人会讨厌自己的长相，觉得穿什么衣服、梳什么发型都不顺心，继而发现自己的鼻翼出油、眉心长痘、心烦冒汗，甚至因内分泌失调而发生过敏性反应。情绪伴随生理反应，生理反应又会进一步加强情绪刺激。精神科专家表示，无论是正面情绪还是负面情绪，长时间处于某种情绪中不能自拔，就会对健康产生不利影响。

具体来说，不同的情绪对应着不同的身体疾病。比如恐惧、焦虑会导致腹部疼痛；批评、内疚会引发关节炎；压抑导致哮喘；经常愤怒的人容易有口臭，也容易发生脓肿；恐惧会引发晕车和痛经。很多人都有这样的经验：一遇到紧张焦虑的状况就会胃疼或腹泻，压力大的时候根本吃不下饭。胃肠道被认为是最能表达情绪的器官，心理上的点滴波动它们都能未卜先知。在所有的身体疾病中，胃肠疾病是排第一位的，比如胃溃疡和十二指肠溃疡，全球约有 10% 的人患过该病。司机、警察、记者、急诊科医生等患胃溃疡的比例最大。对情绪敏感的还有我们的皮肤。对很多人来说，紧张时头皮发痒、烦躁时头皮屑增加、睡不好狂掉头发，还有反复无常的荨麻疹、湿疹、痤疮，都可能是长期不良情绪带来的后果。此外还有内分泌系统，比如女性的卵巢、乳腺，男性的前列腺也很容易受到不良情绪的影响。

大量临床医学研究表明，小到感冒，大到冠心病和癌症，都与情绪有着密不可分的关系。充满心理矛盾、压抑，经常感到不安全和不愉快的人免疫力低下，经常感冒，一着急就喉咙痛；紧张的人则会头痛、血压升高，容易引发心血管疾病；经常忍气吞声的人得癌症的概率是一般人的三倍，乳腺科医生甚至说，“是不是乳腺癌，有时候我们看表情就知道个大概了”，个性好胜而又悲观，时常情绪低落的人更有可能患乳腺癌。

2. 常见的情绪与身体问题

情绪与身体健康的关系是近年来预防医学、康复医学领域研究的热点，这里列举了五种容易对身体造成伤害的常见情绪：

第一名：生气。生气是最常见的一种情绪，也是对身体伤害最大的一种情绪状态。有些爱生气的人每天都会生气，甚至不只生一场气，大事生怒气，小事生怨气，在外生闷气，回家还要赌一口意气。这些“毒气”不仅使人们心情低落、决策失误、行为失据，累积在身体里还会诱发身体的不良反应。在气郁不平的状态下，人的心跳加快、眉头紧皱、胃火上涌，呼吸循环、消化吸收等功能以及内分泌系统都会受到影响。在极端愤怒的状态下，人的面色苍白、嘴唇发紫、手脚冰凉，预防医学研究认为，如果平均每个月“大张旗鼓”地生一场气，久而久之就会导致免疫功能低下，脏器病变。俗语里常说的“气得肝疼”“气得心口疼”，甚至“气死我了”，都说明气愤情绪对身体的严重损害。特别是身体不好的老年人要注意，由于生气时血压瞬间上升，很容易出现脑溢血、心脏病和心肌梗死。

健康小贴士：发怒要有所控制，不要超过 5 分钟，少与他人生闲气，不跟自己生闷气。

第二名：悲伤。悲伤心，悲伤情绪对心脏的伤害最大。悲伤时的生理反应与身体上忍受痛苦时相似。此时，交感神经系统活跃，内分泌系统释放出去甲肾上腺素、肾上腺素等“压力激素”，使动脉收缩、血压升高，容易导致心脏病发作。即使是健康的人，长期处于悲伤的生理状态也容易造成心肌缺血、心衰等病症。此外，悲伤还会伤脾，造成脾胃失调，食欲不振或消化不良。

健康小贴士：培养笑的习惯，悲伤的时候，对着镜子回想自己笑的样子，试着咧开嘴角、微眯起眼睛做出笑的表情。这是一种自我暗示，用笑应对不如意、淡化悲伤。爱笑的人不是不会难过，而是习得了更积极的应对方法。悲伤的时候也可以试着转移注意力，想想其他快乐、温馨的事情，与他人交流情感、探讨事物、交换思想，逐渐让心情平复下来。

第三名：恐惧。恐惧是人面临威胁或者伤害时的一种本能的情绪反应。人们的常见情绪如紧张、焦虑、害怕、不安等都源于恐惧。恐惧分很多种，包括普遍性的恐惧，比如看到恐怖镜头时会汗毛直竖、惊声尖叫，也包括一些特定的恐惧如社交恐惧，比如害怕进入公共场合与人交往。有调查发现，“失去工作”是男人最恐惧的一件事情，而“失去婚姻”则是女人最恐惧的一件事情，恐惧的背后是人类社会规则下男性和女性感受到的生存威胁。人如果一直处于恐惧状态下，就会出现心慌、呼吸急促、头脑混乱甚至晕厥。有心理学实验表明，给死刑犯注射生理盐水而谎称注射了安乐死药剂，有的死刑犯会因极度恐惧而产生窒息、痉挛等一系列剧烈的生理反应，甚至死亡。

健康小贴士：恐惧是一种正常的心理反应，不必有压力和负担，坦然面对自己的恐惧，找出恐惧的原因。通过多次练习，让自己逐渐适应并学会应对有威胁的事物，逐步消除恐惧。

第四名：忧郁。忧虑和郁闷是健康的大敌。性格内向、郁闷不畅、不善交往、遇事自解能力差，具有这些特点的人往往还有一个共同点，就是体弱多病。《红楼梦》中的林黛玉就是典型的例子，敏感内向，暗自神伤，逐渐就形成了一副“多愁多病的身”。长期处于忧郁状态，会使机体分泌过多的肾上腺素和皮质类胆固醇，加快人体衰老进程。所以从这个角度讲，贾宝玉没有选择林黛玉是有道理的，相比之下，年轻时同样美貌的林黛玉可能比薛宝钗更早变成黄脸婆 。

健康小贴士：忧郁往往源于理想与现状的差距，长期忧郁的人可能无法放弃对理想状态的追求。对此症结，一方面可以反向思维，看到现状中中有希望的地方，并以乐观的心态推动现状向好的方向发展；另一方面可以搁置困局，广交朋友、拓展兴趣爱好以转移注意力，和三五好友下下棋、唱唱歌、打打球甚至跳跳广场舞都有利于消除心中的郁闷。

第五名：多疑。多疑的人往往思虑过多，多疑的领导看到下属聚在一起小声聊天，就会认定他们在议论自己的是非；多疑的妻子打不通丈夫的电话，马上怀疑他是否有出轨。多疑的人由于常有危机感，所以经常感到心慌、焦虑、孤独、寂寞，即便一点小事，也要琢磨猜忌很久。长期紧张不安，会导致心理崩溃，也会引起内分泌失调、营养失衡甚至甲状腺亢进等身体问题。

健康小贴士：多疑的人往往缺少自信，也难以信任他人。如果意识到自己有这样的弱点，可以在每天工作结束时反思自己的进步，通过自我成长增强自信。另外，破除误解最好的方法是沟通，采用更加主动的姿态进行面对面沟通，消除猜疑的根源。

3. 天气与情绪问题

很多人说，心情与天气有关，天气好的时候心情就好，而遇到雾霾天心情就会变得很糟糕。在美国，研究发现常年阴雨的西雅图比阳光灿烂的洛杉矶自杀人口比例更高。来自公安机关统计的结论也表明，夏季的几个月中暴力犯罪的发生率比较高。那么，有没有科学的论断能告诉我们，天气和情绪之间究竟有着什么样的关系呢？我们先介绍两种与天气和气候相关的病症，再来讨论这个问题。

夏季情感障碍症，是夏季引起的情绪和行为失常，表现为情绪烦躁、心情低落、行为古怪、食欲不振、消化不良、睡眠增加和白天困倦、注意力集中困难、清晰思维困难、疲劳或精力下降、性欲减退等症状。夏季情感障碍症的发生与气温、出汗、饮食情况、睡眠时间有密切关系。当环境气温超过 35℃，日照时间超过 12 小时，湿度高于 80%时，情感障碍发生率明显上升，加上出汗增多，人体内的钙、镁、钾、钠等电解质代谢出现障碍，影响大脑神经活动，从而产生情绪、心境和行为方面的异常。

季节性情绪失调也称冬季抑郁症，表现为患者在冬季出现抑郁的症状，而在其他季节则表现正常。季节性情绪失调的主要症状是：忧郁、犯困、没精神、浑身无力、体重增加等。但有些人会出现与忧郁相反的症状，比如烦躁、狂躁、焦虑、失眠、浑身不舒服、坐立不安、情绪大起大落等。季节性情绪失调在热带十分罕见，在北纬 30° 以北和南纬 30° 以南开始有一定的发病率，而在北极圈和南极圈内，由于极夜的存在，人们特别容易受季节性情绪失调的影响。季节性情绪失调症患者先有无精打采、乏力、失眠、易感“疲劳”等症状，继而情绪低落、忧伤，对任何事都不感兴趣；有的患者神情呆滞、慵懒少动，严重者会悲观厌世。

一直以来人们都觉得天气和情绪状态之间存在一定程度的联系。心理学上对此的研究可以追溯到 20 世纪 50 年代，苏联学者诺维斯（Nowis）试图探索影响个人情绪的外部因素。此后心理学文献中出现了大量关于情绪和天气关系的分析，然而得出的结论却多种多样。很多研究发现低湿度、强光照、高气压和高温度常和情绪高涨相关，但是在另外一些研究中高温度却和情绪低落相关。当然还有一些研究坚持认为情绪和任何天气变量都不存在相关性。

有研究者收集了加拿大埃德蒙顿和亚伯达一个月中的天气情况，其中包括光照时间、降水量、温度、风向、风速、湿度以及气压（气压的变化和绝对气压）。同时他们还招募了被试每天通过完成一份量表来反馈自己的情绪。量表包括专注、合作、焦虑、效能、侵略、抑郁、困倦、怀疑、控制、乐观10个维度。结果发现，湿度、温度和光照时间对情绪的影响最大。较高的湿度会降低专注度，使人们难以集中精力，较低的气压也可以产生这样的效果。湿度同样会对效能产生影响，较低的湿度更有助于维持一个自信的心态。湿度过高，会对专注、效能产生负面影响，较高的湿度还会令人产生困倦。

光照时间充足会对情绪产生积极的影响，它使人变得更加乐观。而光照时间不足，会令人变得疑神疑鬼。较高的温度也会令人变得疑神疑鬼。而在寒冷的温度下（–8—–28℃），随着温度的降低，侵略性会增加。来自脑与认知神经科学的研究发现5–羟色胺（血清素）——一种中枢神经系统中的神经递质，对幸福感和放松感的产生有着重要作用——释放量的上升和下降与光照的增加和减少有关。明媚的阳光可以迅速地提高5–羟色胺的水平。社会心理学的研究也表明阳光可以改善情绪，减轻季节性情绪失调；而降水或多云的天气则会加重季节性情绪失调的症状。

此外，还有可靠的证据显示低气压和更多的降雪导致自杀率上升，高温与暴力行为相关。

计算机科学的研究者们同样对情绪和天气的关系充满兴趣，研究者通过对来自国外社交平台推特（Twitter）的数据进行分析，结果与心理学研究中的发现不尽相同。

首先是关于积极和消极的情绪状态。研究者们发现日平均气温以及接收到的太阳能（通过光照强度和时间计算）与情绪状态之间并没有显著的关系，而日平均气温的变化却会影响人们，随着温度下降人们显得更加开心，而温度的显著上升会使他们感到不适。日降水量以及积雪厚度的增加、风力的增强都与消极情绪相关。在冰雹、雷电、烟、雾、霜中，只发现冰雹与消极情绪相关，与其他因素的关系并不清楚。

接下来研究者们从情绪的四个维度（敌意—愤怒、抑郁—沮丧、疲劳—迟钝、困倦—精神）分析与天气的关系。结果发现，温度升高时愤怒会显著增加，而降水量的增加也有促进愤怒增加的趋势；积雪厚度的增加与抑郁的增加相关，而高温或许可以减轻抑郁；高温以及接受大量太阳能都与疲劳相关，而降水可以减轻疲劳；凉爽的温度下人们会困倦，高温下人们反而会更加精神饱满，积雪也会促进精神饱满。

不过来自推特的情绪数据的影响因素过多，朋友晒的一张图片或许就能够改变他们的情绪，因此这个研究结果也存在一些争议。

虽然对于情绪和天气之间的关系的研究结果不尽相同，但总体而言天气以及物理环境的变化确实会给我们的身体机能带来新的刺激和挑战，同时也会不可避免地影响到我们的情绪。

四、情绪是内心平衡状态的反映

情绪的波动，源于内心的不平衡。想要的与拥有的、付出的与收获的、“应得的”与实得的，不匹配、不接受、不平衡。这样的内心感受靠压抑、掩藏是无法持久的，需要用心智来调整，这也是“情商”二字的含义所在，情绪智力本质上也是一种智力和能力。

情商最直接、最明显的体现就是有效调控情绪的能力。作为一个合格的社会个体，调控自身情绪是基本的社会生存技能；作为一个成功的领导者，调控自身以及他人的情绪是成功带领团队攻坚克难的必备素质。

真正的高手往往先处理心情，再处理事情；先分析心态，再分析事态。情绪上剧烈的起伏，是心态失衡、动机冲突的体现。我们从几种常见的心情和心态入手，分析情绪因何而来，情绪告诉我们什么。

1. 沉默

沉默不等于宁静。宁静是内心的安宁，无波无澜。很多时候，当我们被人误解，又不想争辩，就会选择沉默；当我们感到不公，又明知不可能得到补偿，我们也会选择沉默；当我们感到愤怒，却没有发泄的机会，也只好选择沉默；当我们感到极度悲伤，连倾诉都找不到出口，不由得就会选择沉默；当我们感到极度疲累，连发脾气的力气都没有，也只能选择沉默。

沉默是对自己的妥协和安慰。无法理解的时候，就无须解释，但是一个人的时刻，还是要面对自己真实的内心，接纳自己的喜怒哀乐。他人可以不解，自己不能不懂。

2. 平静

看似平静的大洋深处波涛汹涌。平静的表象之下，很可能蕴藏着最多、最深刻的情绪。平静的状态，有可能是反复调节之后获得的内心平衡，也有可能只是极力压制之下表面的平衡。如果是后者，无论自己还是他人，都需要投入更多的关注和努力，也需要更多的时间和空间。

在我们跌入人生谷底的时候，身边所有的人都告诉你：要坚强，而且要快乐。坚强是绝对需要的，但是快乐？在这种情形下，恐怕是太难为人了，毕竟没几个人在跌得头破血流的时候还能表现得很高兴，但我们至少可以努力做到平静，也必须让自己平静下来。平静地看待这件事，平静地处理该处理的事情。

3. 弯腰

弯腰是一个动作，也是一种心态。不是“为五斗米折腰”，而是后退一步，哪怕是暂时忍让一下，也可以给自己、给他人更多的空间和时间处理自己的情绪，为更好地沟通与协作留下机会。

不要以为鞠躬就是对别人低头，其实弯下腰来才能看见自己的脚，弯下腰来才能捡起掉落的贵重物品。如果和别人有了意见上的分歧，甚至发生了言行上的冲突，不妨把火气压一压，回去打扫房间。把腰弯下来，仔细地擦擦桌子，擦擦地板。腰玩下来，头低下来，心也就静了下来。弯腰这样一个简单的动作，可以让我们学会谦卑。

4.“如果当初”

有些人常常喜欢说“如果当初……就好了”。实际上，即使当初如何，也未必会有如今设想的结局。人生是一条有无限多路口的长路，永远在不停地做选择。选择读什么科系、做什么工作、结不结婚、要不要孩子，不同的选择会造就完全不一样的人生。所以，像是“如果当初如何如何，现在就不会怎样怎样……”这种话尽量少说。每一个路口的选择都没有真正的好与坏，只要把人生看成自己独一无二的创作，就不会频频回首并后悔原来的选择。

特别是领导者，即使自己所做的某个决策产生了意想不到的负面结果，也没有必要悔不当初，因为另一种决策所产生的结果同样不可预料，甚至他人的成功都未必一定会在本单位、本组织内复制成功。不说“如果当初”并不是要逃避错误，决策中如果有失误要勇于承认，但世上并没有真正完美的决策，特别是在复杂的情境之中。领导者需要有承担失误和意外的勇气与担当。与其反省“如果当初”，不如加足马力应对当下的挑战。

5. 踏实努力

在对领导干部成长经历的访谈中，几乎每一个不同层级的领导干部都强调了踏实与努力，在一无所有的时候，脚踏实地地付出，未来的事情想不想？怎么能不想呢？可是想了也没有用！大多数人都是想的比做的多，无论设想了多少种可能，只有实实在在的行动才真正有可能与结果联结。过多地想东想西，还不如抓住当下，放平心态做有价值的事。活在当下，踏实、努力地付出，不管成功与否，这才是生命该有的常态。

6. 保持单纯

随着年龄的增长和阅历的积累，有些人在面对事情时会想得越来越多。反过来，又因为思虑过多，所以常常把简单的问题复杂化了，进而把周围的人、自己的生活复杂化了。单纯地活在当下，看淡是非真假，就算是把人生当成梦境去执行，也未尝不可。任正非 40 岁开创华为技术有限公司，也不过是被“生活所迫”。即便年届不惑，依然需要做梦的勇气，依然拥有试错的权利。

单纯的人，才有好奇心，才能百折不挠地去实现梦想。在条件允许的情况下，尽可能活得简单一些、坦荡一些，才能拥有更多的快乐。

7. 一分“俗气”

二十年前，“俗气”一直是个贬义词，如今，随着“民俗”的复兴，“俗气”似乎又开始时髦起来。实际上，食色性也，每个人都不能免俗，超凡脱俗也只是短暂的时光，大多数时候，我等凡夫俗子本身就带着烟火味儿。真正的道理，是话糙理不糙，大俗大雅。在通俗的习惯、欲望、追求中，了解规则、遵守秩序、与人同乐，就是文雅。

越是身居高位的人，越需要接地气；越是严格自律的人，越需要一方自由的乐土。吃多了健康食品，偶尔也会想啃一啃鸭舌头、盐酥鸡还有麻辣小龙虾。领导者其实并不一定要把自己绑得那么紧、炼得那么仙，俗气一点，放松一点，亲和力自然就有了。

五、了解自己的情绪状态

下面我们来深入地了解自己的情绪状态和情绪调节能力。

心理测试：了解自己的情绪状态（PANAS-X 量表）

指导语：这个量表呈现了一些用来描述感觉和情绪的词或者短语，请仔细阅读每一个，并在其旁边的空白处打“√”，表示在最近几周时间你感受到这些感觉的程度。其中，1——非常轻微或基本没有、2——有一点、3——中等程度、4——相当多、5——非常多。

词	1	2	3	4	5	词	1	2	3	4	5
欢乐的						不友善的					
伤心的						受到惊吓					
活跃的						轻蔑的					
对自己生气						孤独的					
遭人讨厌的						自豪的					
平静的						诧异的					
内疚的						放松的					
热情的						警觉的					
注意的						战战兢兢的					
害怕的						感兴趣的					
有乐趣的						易怒的					
消沉的						苦恼的					
害羞的						活泼的					

续表

词	1	2	3	4	5	词	1	2	3	4	5
疲劳的						厌恶的					
焦虑的						喜悦的					
懦弱的						愤怒的					
无精打采的						感到羞愧					
吃惊的						自信					
寂寞的						有灵感的					
痛苦的						冒失的					
大胆的						自在的					
虚弱的						精力充沛的					
昏昏欲睡的						勇敢的					
应受谴责的						忧郁的					
感到惊讶						恐惧的					
快乐的						集中注意力的					
兴奋的						厌恶自己					
坚决的						胆怯的					
坚强的						倦怠的					
胆小的						对自己不满					

（一）PANAS-X 的题目构成

1. 一般特征量表

负性情绪(10 个) 害怕的，恐惧的，焦虑的，战战兢兢的，易怒的，不友善，内疚的，感到羞愧，苦恼的，痛苦的

正性情绪(10 个) 活跃的，警觉的，注意的，坚决的，热情的，兴奋的，

有灵感的，有兴趣的，自豪的，坚强的

2. 基本负性情绪量表

害怕（6个）害怕的，恐惧的，受到惊吓，焦虑的，战战兢兢的，虚弱的

敌意（5个）愤怒的，不友善的，易怒的，轻蔑的，厌恶的

内疚（6个）内疚的，感到羞愧，应受谴责的，对自己生气，厌恶自己，对自己不满

悲哀（5个）伤心的，忧郁的，消沉的，孤独的，寂寞的

3. 基本正性情绪量表

愉快（8个）快乐的，有乐趣的，喜悦的，欢乐的，兴奋的，热情的，活泼的，精力充沛的

自信（6个）自豪的，坚强的，自信，冒失的，大胆的，勇敢的

关心（4个）警觉的，注意的，集中注意力的，坚决的

4. 其他情绪状态

胆怯（4个）胆怯的，害羞的，懦弱的，胆小的

疲劳（4个）昏昏欲睡的，疲劳的，无精打采的，倦怠的

安静（3个）平静的，放松的，自在的

惊奇（3个）吃惊的，感到惊讶，诧异的

（二）记分

将量表选项对应的数值加起来即为原始总分。

该量表在部分20—40岁人群中的测试结果显示：正性情绪的平均得分为34分，95%的人得分在27—41分之间；负性情绪的平均得分为20分，95%的人得分在13—27分之间。如果得分在平均水平之外，平时应当对自己的情绪状态多加留意。该量表测评结果仅具有参考价值。

第二节　情绪参与大脑的哪些活动?

一、情绪影响决策

直觉上和经验上，我们都能意识到情绪在决策中发挥着举足轻重的作用。

比如，“双十一”疯狂血拼的人们。原本“11·11”是学生圈里的光棍节，在“淘宝”的驯养之下，亿万网民成长为“剁手”一族，在双十一的夜晚上演了一年更甚一年的疯狂。毫无疑问，这些激动人心的消费行为之中有相当一部分是非理性的，即所谓的冲动消费。双十一的成功，最根本之处在于摸透了大众想占便宜怕吃亏的心理，调动了大众的紧张情绪。甚至有人半开玩笑地总结出双十一期间的生活：选货、抢券、抢货、等货、退货。少则三两天，多则半个月，在这期间坐卧不宁。激动、急迫的情绪影响了千万人从早到晚大大小小的决策，情绪对个体价值判断和决策行为的影响，大得可怕。

最早对个体行为决策的特点和机制等问题进行研究的是18世纪的早期经济学家，那时心理学还没有成为一门独立的科学。后来，对于情绪在个体行为决策中的作用，经济学以及后来发展起来的心理学都进行了大量的研究。

在经济学发展之初，以英国哲学家边沁（Jeremy Bentham）为代表的功利主义理论将情绪看作个体决策的基础，他们认为快乐和痛苦是人类的最高主宰，人类所有的动机都源于对快乐最大化的追求。这一观点与精神分析学派的心理学家弗洛伊德相同。功利主义理论中的核心概念“效用”，实质上就是客体能给主体带来的快乐和所避免的痛苦量化后的总和。

20 世纪 70 年代，随着认知心理学的发展，在个体行为决策研究中，心理学和经济学两个领域的研究逐渐融合。在消费行为领域，研究者发现个体估价过程中存在非常明显的禀赋效用（指个人一旦拥有某项物品，他对该物品价值的评价要比未拥有之前大大增加）；而在消费决策中，个体往往会建立一套会计系统，对消费决策进行成本收益分析，并将消费开支根据来源与用途进行归类；在风险决策领域，以色列心理学家、诺贝尔经济学奖获得者卡内曼（Daniel Kahneman）等人提出了前景理论，认为个体在决策中存在损失厌恶心理，并且决策权重与概率的函数是非线性的，在概率接近 0 和 1 的两端时，决策权重比较大；在跨期选择领域，心理学家逐渐重视在节食、拖延、成瘾、戒烟等行为中普遍存在的偏好逆反现象，大量实验结果证明个体的时间折扣系数并不是稳定、单一的，而且有可能是负向的。面对大量的偏离，心理学家尝试将情绪因素纳入模型之中，提出了众多的修正模型。

从上述理论研究的历程可以看出，尽管存在情绪本身的特殊性以及情绪研究的重重困难，情绪作为人类决策行为的一个重要甚至是根本性的因素，正在获得来自心理学、经济学以及认知神经科学等领域专家的积极关注和探索。目前，神经科学领域主要关注情绪在决策中的估价作用。

然而，情绪对于人类行为决策的影响绝不仅限于此。按照“认知与情绪互动理论”的观点，在个体发展的过程中，认知与情绪，两个系统的相对地位处于动态变化之中。长期处于压力环境中，会导致情绪系统处于优势地位，进而导致个体更有可能做出冲动、刻板的行为反应。

二、情绪影响创造力

来自临床的大量研究发现，双向情感障碍与个人创造力成就具有显著的相关性。换句话说，情绪上的兴奋、幻想、高度活跃状态有助于大脑神经元之间建立新的超常规联结，从而产生新的创意，特别是在艺术创造方面。当然，这样的幻想在超脱现实的同时也必须与现实有一定的结合，所以严重的精神疾病（如精神分裂症）在损害大脑思维功能的同时也阻碍了创造力的发展。

创造力是一种高级心智技能，它与人的许多内外因素有关，也包括个体的情绪。心理学家通常从情绪的效价（积极或消极）和激活水平（兴奋或抑制）两个维度来研究情绪对个人行为的影响。

积极情绪包括快乐、兴趣、满足、爱、自豪和感恩等。其中，快乐情绪的激活程度较高；兴趣可以等同于好奇，在具有新鲜感的安全情境下产生；满足同时包含了平静、放松、愉悦等低激活水平的情绪；爱由兴趣、快乐、满足等多种正向情绪综合构成；自豪是自我价值得到他人认可时产生的较高激活水平的情绪状态；感恩是因感知到他人的作用，提高了幸福感而产生的复合情绪状态。消极情绪主要包括恐惧、愤怒、抑郁、悲伤等。

一般而言，我们倾向于认为积极情绪可能会有助于创造力的发挥，消极情绪则会阻碍创造力的发挥。实际上研究发现，在创造性活动的初期，也就是广泛征集和激发创意的阶段，积极情绪将促进创造力，但是到了创造性活动的中后期，需要实施创意、打磨产品的时候，轻度的消极情绪更有利于促进创造力表现。心理学家认为，原因可能是在积极情绪下大脑内部储存的信息之间会发生更多更广泛的联结，从而产生新的创意，而消极情绪可以使注意范围收窄。因此，不影响行为动机的轻度消极情绪有助于创意的最终实现。

另外，情绪的激活程度也对创造力有影响。情绪激活程度高会阻碍认知的灵活性，也就是说，在情绪激动的时候，无论快乐还是愤怒、焦虑，都会使情绪处于习惯模式，以此来应对挑战。相反，激活程度低的情绪有利于认知的持续性和专注性。

总而言之，激活程度较低的情绪（无论是积极还是消极情绪）对创造力具有积极的影响，特别是激活程度较低的积极情绪，比如兴趣、满足、自豪等，不仅对创造力有益，对身心健康也有重要意义。所以，保持好奇心、常怀感恩、知足知止，是高情商、高创造力的共同表现。

三、我们的身体如何感受情绪？

众所周知，情绪的产生是一种应激反应，是人们适应环境的方式。比如，恐惧可以帮助我们躲避灾难，而好奇可以促使我们探索世界，等等。随着社会的发展和人类心智的不断增强，同样出于更好地生存的目的，人们又变成了隐藏情绪的专家，喜怒不形于色。但对于普通人而言，即使我们的伪装骗过了自己，身体仍会最真实地反映出当时的情绪体验。

人的大脑和躯体之间的紧密联系——诸如想法、感受和情感等，虽是意识的产物，但往往在身体感觉上体现得最为明显，以期引起大家对自己身体的重视。

2014 年《美国科学院院刊》曾发表一项非常著名的研究。研究人员通过一系列实验揭示了人体的“情绪地图”。在这项实验中，参与者被要求对六种“基本情绪”(包括愤怒、恐惧、厌恶、快乐、忧伤和惊讶)和七种“复合情绪”(包括焦虑、爱、抑郁、鄙视、骄傲、羞愧、嫉妒）做出反应。研究人员要求参与者想象自己经历某一特定情绪时身体的反应，根据身体的状况，在人体模型中标示出体内产生变化的区域。在标示时，红色代表身体的某些区域被激活，感觉更加灵敏；而蓝色则代表被抑制，感觉变得迟钝。这意味着身体的不同部位能感受到不同的情绪，这也能在一定程度上解释我们的一些日常生活体验。

A. 全部六种基本情绪和除抑郁外的六种复合情绪都在颈部被激活。说明颈部是全身情绪传递的中枢，在日常生活中承受了最大的“压力”。颈椎病几乎成了是各行各业的通病，无论心情好与不好，都要注意颈椎的保护。

B.“焦虑”情绪激活的主要区域是上半身的心肺系统、消化系统和生殖系统，尤其是胃部，因此焦虑的时候常常会没有胃口。有些人出差时容易闹肚子，也与焦虑情绪有关。另外，长期处于焦虑引起的应激状态还会影响生殖功能。

C.“愤怒”情绪激活头部和上半身的心肺、两臂，所以说愤怒容易上头，“冲冠一怒”“怒火中烧”，我们千年的语言文字中所蕴含的道理，与当今科技的检验结果相互佐证：生气的人们常常会失去理智，盲目地采取行动。

D.“忧伤”和“抑郁”两种情绪让人的全身都变“冷”了，特别是抑郁情绪下，没有任何身体区域被激活，人体似乎处于“全麻”状态。抑郁症患者的典型症状之一就是对周围的一切都提不起兴趣，对外界反应迟钝，有些患者还伴随有一定程度的认知功能下降。

E.“爱”与“快乐”两种正向的情绪体验则强烈地贯穿全身，似乎有种热血沸腾的感觉。爱的躯体表现是激活了头颈、上肢、心肺、消化、生殖系统等，可见爱是一种全身心的投入。快乐激活的部分更多，还包括了下肢，所以快乐最能激发人的行动，比如奔跑、跳跃，“快乐得想要飞起来”；反过来，调动四肢全身的运动也可以唤醒快乐的情绪。

身体是情绪的指示器。我们的头脑中时刻都在进行着情感活动，哪怕最轻微的波动，身体也能非常敏感地察觉到，甚至比自主意识对情绪的察觉更早更准确。当我们在伤“心”的时候，想不到更伤的却是我们的“身”。因此，积极地掌控和调节情绪，不仅是为了更好的心理体验，同时也是对自己身体的负责。

反过来，身体上的感知觉也会影响到我们的情绪反应和人际行为。

《科学》杂志发表过一项有趣的研究，请大学生对一个虚构的人物填写一份个人印象问卷，对此人的个性进行预判。每一个学生在走进教室填写问卷之前，都会在教学楼下“偶遇”监考官，监考官手上拿着很多文件和一杯咖啡。他们自然而然地一起搭乘电梯，监考官请学生帮他拿一下咖啡，最后他们一起走进教室。特别之处是，监考官拿的咖啡有些是热的、有些是凉的。有 41 名学生参与了这个研究，结果发现：与那些拿到凉咖啡的学生相比，拿到热咖啡的学生中有更大的比例将虚构人物评断为一个个性温暖的人。

第二次，研究者又招募了 53 名学生参加研究，关键变量指标（刺激物）由冷热咖啡换成了热敷包或冰敷袋，实验任务是评价手中热敷包或冰敷袋的质量。填完问卷之后，学生可以选择拿一瓶果汁，或是一美元的冰激凌兑换券作为酬劳，冰激凌兑换券无法单独使用，因而研究者将之设定为与人分享的奖励，而果汁则被设定为自己独享的奖励。

结果拿到冰敷袋的学生有 75%选择了独享的奖励（果汁），但是拿到热敷包的学生，超过半数（54%）选择了与人分享的奖励（冰激凌兑换券）。刊登在《进化心理学期刊》（Journal of Evolutionary Psychology）上的另一项研究也得出类似的结论，手持温热的物品所带来的身体上的温暖触觉，使我们在精神上也更有温度，乐于与他人合作，并对人给予正面的关注。

由此可见，触感是一项能够抓住人们注意力的重要感官提示线索。那么最重要的触感是什么呢？是疼痛！英国巴斯大学疼痛研究中心主任艾克斯顿（Chris Eccleston），以及比利时根特大学的健康心理学家克伦贝兹（Geert Crombez）经过多年发现疼痛可以掩盖其他知觉：疼痛会凌驾于其他需要关注的事物之上，也就是痛起来的时候什么也顾不上了，所有的心思都集中在疼痛上。

疼痛之所以占有优先地位，是因为它在人类进化过程中具有重要的生存意义。疼痛与鲜血、枪声、亮黄色的标志一样的，让我们意识到生命受到威胁而产生警醒。所以即便只是很短暂的疼痛，也会立刻引起我们的注意，甚至改变我们的情绪状态，比如品茶的时候如果不小心烫到了舌头，闲情雅致顿时被破坏，之前的所有工作就全都白做了。在生活与工作中，越是需要注意的任务，疼痛越可能干扰人们的专注力。比短暂疼痛更让人苦恼的是慢性疼痛，长期的身体不适和精神紧张使人们情绪焦躁，无法集中精力。

除了冷热疼痛之外，我们的身体对于碰触也非常敏感。首先，人与人之间的碰触是一种肢体语言。利用触感可以吸引注意，能使对方产生正面联想的触感，对于跟某人建立亲密、信赖及联结格外有用。亚利桑那大学的伯贡教授（Judee Burgoon）做了一项很有意思的研究，她发现碰触能令人产生镇静、亲密、信任、平等以及不拘束的感觉。另外一项研究则发现，当随机配对的陌生男女眼神接触与互相碰触后，心跳会加快且欲望增加。

碰触的部位不同，也有不同的意义。脸部的碰触（如贴面礼）及牵手，会令彼此产生较多的亲密感与亲切感；握手则是最具信任感的身体接触。但是碰触作为一种特殊的表达方式，必须符合双方的文化背景和彼此的心意。比如贴面礼在西方是很礼貌的一种碰触，但是在国内即使很亲密的朋友也极少会有这样的碰触。不过，手部的碰触在多数文化中都是可以被接受的，比如握手、拍肩膀、碰手肘等。

如果你要见一位重要的人，希望得到他的注意和好感，不妨在对话开始之递一杯热茶到他手里；如果你跟朋友聚会时，遇到某个认识的人并想跟对方攀谈几句，握手显得过于生疏，拍拍肩膀会自然亲近很多。

四、情绪与肿瘤的关系

癌症死亡是一个令人生畏的话题。1981 年，世界卫生组织提出了对癌症的三个“1/3”的解释，即 1/3 的癌症可以通过一级预防防止癌症的发生；1/3 的癌症可以通过二级预防明显提高生存率，甚至根治；1/3 的癌症可以通过合理的综合治疗提高生存率。这个观点在二十多年前提出，如今看来很有远见。

人类抗击肿瘤已有一百多年，手术、化疗、放疗等治疗手段相继问世，免疫治疗、靶向治疗、基因治疗等治疗新技术亦层出不穷。而最近，一些科学家盯住了更原始、更简单的防治要点——快乐。

“癌症性格”一说在社会上有着相当深厚的群众基础。很多人都深信：具有一些特定性格特质（如神经质、易怒、悲观或孤僻）的人群更容易成为癌魔狩猎的对象；相反，开朗乐观则有助于预防和治疗癌症。前文情绪与躯体反应的研究也证实，在快乐情绪下，全身都充满了正能量，应该可以更好地抗击肿瘤。这种观点究竟有没有根据？我们来看看下面的证据。

1.“快乐小鼠”的肿瘤变小甚至消失了

2010 年，《细胞》杂志刊登了一项外国实验室的发现。实验室人员把一群小鼠放在一个“丰富的生存环境”中，即笼子里放有各种小鼠喜爱的玩具，每只笼子中的小鼠数量多于 8 只，它们白天晚上都可以开心地玩耍，生活在这种状态下的小鼠称为“快乐小鼠”。

一段时间后，研究人员发现，“快乐小鼠”的肿瘤体积和重量都变小了，有的甚至消失了，证明良性的精神刺激对肿瘤竟有抑制作用。科学家根据这个结果提示了一条利用积极情绪抗击肿瘤的“神奇通路”：大脑皮层良性刺激—海马区（“快乐小鼠”有“脑来源神经营养因子”高表达）—自主神经（主要是交感神经）—脂肪组织（脂肪因子）—抑瘤。

实验中包含了黑色素瘤、胰腺癌、肺癌，都发现了类似的结果。其中，黑色素瘤的抑瘤率为 43.1%，Panc02（针对小鼠胰腺导管腺癌细胞）胰腺癌的抑瘤率为 58.2%，Lewis 肺癌（针对小鼠肺腺癌细胞）的抑瘤率为 36.5%。

2. 肿瘤找准机会组建体内独立王国

上述实验提示我们：是时候重新认识一下肿瘤了。越来越多的证据认为，癌症是一种系统性疾病。比如，癌症会在全身转移。

癌症是一种以局部组织异常生长为特征的全身性系统调控失常的疾病。人体有两大系统性调控系统：中枢性调控系统和外周性调控系统。中枢性调控系统包括全身的激素系统（肾上腺、性腺、甲状腺、其他激素器官）和调控免疫器官的自主神经系统（交感神经、副交感神经），这是身体内的“中央政府”。外周性调控系统存在于各种器官，肝、胰、消化道、肺、肾、皮肤、脂肪组织等，这是身体内的“地方政府”。

上海交通大学肿瘤研究所教授顾健人做过一个形象的比喻：肿瘤的形成就是中枢性调控系统“不作为”、外周器官 / 组织的调控系统“乱作为”，肿瘤就是“黑社会”，自我膨胀，破坏社会稳定，破坏警察系统（免疫系统）。人体免疫系统应该是攻击癌细胞的，结果被肿瘤“教唆”，变成了它的保护伞。“肿瘤好比组建了一个体内的独立王国，这是肿瘤难治的根源。”

3. 气质型乐观与肿瘤的预期治疗

卡内基梅隆大学教授史希尔（M.F. Scheier）等人于 1985 年首次提出了“气质性乐观”（Dispositional Optimism）这一概念，认为气质性乐观是对未来好结果的总体期望。他们认为，乐观是一种人格特质，拥有较高气质性乐观的个体对未来的事件报以积极的期待，相信结果会向好的方面发展，具有更高的挫折承受力。

在近期发表在《癌症》（Cancer）上的研究，研究人员评估了在早期的肿瘤临床实验中，气质性乐观是否与患者或受试者个人治疗效果的高期望（而不是治疗误解）相关。结果发现，气质性乐观与更高期望的个人治疗效果显著相关，但不与治疗性误解相关。气质性乐观与非现实性乐观主义弱相关。在多变量分析中，无论是气质性乐观，还是非现实性乐观主义都被认为是与较高期望的个人治疗效果独立相关。

在早期阶段的肿瘤临床实验中，目前的研究数据表明，患者的治疗效果的预期与一个更积极的人生观，或参与实验的具体方面的结果偏差的预期有关。并不是所有的乐观情绪都是一样的，在早期肿瘤临床研究中，不同类型的乐观倾向可能会产生不同的后果。

近年来，随着基因技术和现代健康理念的发展，人们对包括肿瘤在内的健康问题的认识与应对采用“4P 医学”模式，即预防性（Preemptive）、预测性（Predictive）、个体化（Personalized）和参与性（Participatory）。这其中的“预防性”包含了世界卫生组织划定的一级预防、二级预防，即早期诊断、早期治疗。值得注意的是，4P 医学提出“参与医学”的观念，强调病人的参与。科研人员已经认识到肿瘤治疗是一个机体平衡状态的重新建立过程，其中，精神因素与癌的发展有微妙的关系，这就需要医生必须关注病人的精神状态。肿瘤治疗只关注肿瘤本身是远远不够的，必须关注生肿瘤的人，了解人的生理和心理整体上出现了哪些问题，“见病不见人”是人们必须纠正的认知和实践误区。

第三节　我们如何感知和理解他人的情绪？

一、对他人情绪的认识——情绪信息加工的 EASI 模型

为什么有人仅看脸色就能猜出别人的心情？为什么别人的心情会影响

我们的心情？事实上，情绪可以同时影响自己和他人的行为。例如，当母亲想约束淘气的孩子时，她会非常生气地说："不许再捣蛋了！"孩子就会根据妈妈的表情决定下一步行动；一名篮球队员因分数落后产生的沮丧情绪很可能会传染给其他队员，但如果此时出现一个努力缩小分差的"精神领袖"，则又会带动整个球队的情绪状态发生逆转。

这些个体的情绪表达对他人行为产生的影响，都在情绪即社会信息（Emotion As Social Information，EASI）模型中得到了描述和解释。四川师范大学教授陈璟等曾在一篇研究综述中对这一模型进行了详细介绍。我们知道，情绪具有社会功能，荷兰阿姆斯特丹大学社会心理学系的心理学家凡・克里夫（Van Kleef）在此基础上进一步提出，情绪能够同时为自己和他人提供信息。同时，社会参照效应和情绪对团体关系的影响研究，也促进了他对其具体加工机制的整理，从而建构了 EASI 模型。随着近年来研究界对情绪社会功能的关注，该模型得到了大量研究验证而得以初步完善。同时，具身情绪观（认为情绪的感知、加工、理解、表达等过程与身体有着密切的联系）的兴起支持了该模型提出的情感反应加工，心理理论、移情等的神经生理研究也为该模型情绪信息加工的生理机制提供了科学证据。研究者初步挖掘了该模型的应用价值，指出如采用策略性的情绪表达，能减少个体的决策偏见而促成双赢。

2009 年，克里夫将情绪信息加工系统分为情感反应和推断加工两种。EASI 模型强调：在加工情绪信息时，情感反应与推断加工同时存在且相互影响。克里夫提出两种加工的相互关系具有三种模式：第一，共同预测相同行为；第二，相互驱动相反行为，该情况下个体的谈判目标和策略起决定作用；第三，发生相互作用，推断加工可能会增强个体的情绪体验，例如，如果个体推断对方的愤怒是无理取闹，则会使其自身更为愤怒。不过，这两种加工系统的相互关系并非行为决策的决定因素，而是体现为对决策行为预测的方向性。最终决定决策行为的是两种加工的相对强度，该强度受信息加工过程和社会相关因素的影响。可见，EASI 模型虽然受到双系统模型的启发，但与其存在根本差异。双系统模型注重操作过程，强调两种加工的努力程度差异，推理系统内可能发生多个过程因抢占资源而相互干扰的情况，直觉系统内则不存在冲突。而 EASI 模型则是从结果出发讨论情感反应与推理加工的相互关系，更重视系统间的影响而不是系统内的影响。

1. 情感反应

在 2010 年的一篇文章中，克里夫进一步指出情感反应是指情绪表达通过直接激发观察者的情绪状态，从而产生情绪层面的“人际效应”。这种情绪信息加工具有直接、迅速的特点，可分为两个阶段。第一阶段，通过情绪渲染，情绪表达者直接将其情绪扩散给观察者。情绪渲染是一种通过面部表情、语言、姿势和身体运动等方式，无意且自动地捕捉他人情绪的趋向。第二阶段，这一情绪在观察者身上得以“重现”并对其决策产生影响。

克里夫等人还指出，情绪的“个人效应”开始发生，包括：（1）根据“情绪即信息”启发式进行决策，但该启发式的信息源于个体自身，而非社会信息；（2）情绪启动，即情绪启动认知加工过程，对那些与个体情绪一致的信息加强处理；（3）情绪浸润，根据浸润程度的不同显示出情绪不同程度的影响。由于现实中情感反应的发生迅速而直接，所以上述两个阶段的划分是相对的、理论性的，便于对情感反应进行细致探究。

几乎所有的情感反应都是观察者同表达者的情绪趋于一致的过程，这在团体活动中表现得尤为突出。研究者托特德尔（Totterdell）曾安排两支专业板球队队员每日评价三次自身情绪和表现，连续四天进行竞赛和保持评价。结果显示，运动员个体情绪与团队的快乐心境具有显著相关，且不受比赛情况和个体自身烦恼的影响。近年来的相关研究发现，领导者的心境会影响其他成员，快乐的领导者会使团队成员感受到更多积极情绪。此外，个体在低时间压力（认识动机低水平）状态下更容易受到谈判对象情绪的影响，并因此改变未来与谈判对象互动的意愿。

2. 推断加工

克里夫指出，情绪的社会参照效应暗示了婴儿的情绪信息处理过程。其后，克里夫等人进一步指出个体能将他人的情绪表达信息作为社会决策的信息输入，即推断加工，进而产生情绪在认知层面的“人际效应”。在儿童世界里，推断加工主要帮助儿童从他人的情绪表达中获取在不确定环境中采取适应性行为的参考信息。但随着个体成长和社会决策环境的复杂化，不确定环境中可能出现合作与竞争的社会关系，对他人情绪信息的理解很难做到完全正确。所以，在成人世界里，推断加工具备了提供策略信息的功能。当个体被动机充分驱动时，其通过推断加工从对手的情绪表达中简化并提取有用信息，使自身得以避免对手的阻碍，在不确定社会决策情景中实现情绪信息的策略价值。

克里夫和他的同事曾在实验中发现，面对愤怒的谈判对象时，个体会推断对方的情绪是源于自己要价过高并据此做出让步以避免谈判僵局；面对惭愧和后悔的谈判对象时，个体则推断对方的情绪是源于其提出了过分的要求，从而据此提高自身要价。

二、影响情绪认知的因素

1. 认识动机

认识动机（Epistemic Motivation）的发现与提出经历了一个漫长的过程。20 世纪 90 年代，社会决策研究将亲社会这一社会偏好认定为策略性的，但荷兰研究者杜若（De Deru）和兰格（Van Lange）指出“亲社会行为”并非完全“自利”，其与社会价值取向有关。随着研究的深入，研究者发现：无论是谈判者之间还是组织之间，对他人利益的考虑更有益于获得双赢的结果。克里夫等人在2004年初次提出认识动机的概念以解释上述现象，即发展和掌握对世界准确并且丰富的理解的需要。他们采用“认知闭合需要量表”来测量这一动机。

认识动机具有一定的个体差异，其根源是个体的认知闭合需要（应对模糊情境时，需要获得一个清晰的答案）。不寻求认知快速闭合的个体，往往愿意为认知加工付出更多努力，即当个体具有较高认识动机时，需要更多认知努力的推断加工占优势；而当认识动机水平较低时，则是更简单直接的情感反应占优势。除了能调节信息加工，认识动机还能直接对信息处理过程产生影响，高认识动机能促成更深层、更彻底的信息加工。认识动机水平受时间压力的影响，时间压力增大时，个体无法对情绪信息进行系统加工，认识动机水平随之降低。时间压力能对谈判中情绪人际效应的发生产生调控作用。

2. 情绪类型及其社会信号功能

EASI 模型指出情绪是不连续的，具有一定强度而持续时间较短，且有明确动机，指向某一物体、人或事件。

基于此，克里夫等研究者划分出了具有不同社会信号功能的四类基本情绪：第一类情绪出现在个体目标与情境状态一致时典型情绪是快乐、满足与欣喜，其社会信号功能是传达友好关系和机会。比如，快乐在个人层面表示一切顺利，在人际关系层面表示希望合作及参与。第二类情绪出现在个人目标受到挫败与阻碍时，典型情绪是愤怒与暴躁，其社会信号功能是传达统治和攻击意图。比如，当个体认识到目标面临阻碍但情形可能改变时，则表达愤怒，但如果情形不易改变，个体则避免表达愤怒。第三类情绪可能出现于不同的情境中，如面临丧失时产生悲伤，结果低于预期时产生失望，消极事件可能发生之前产生害怕与担心。这类情绪具备“寻求支持”的社会信号功能。第四类情绪出现在个体感到自身违反了社会或道德规则时，典型情绪是尴尬、害怕、内疚与后悔。既包括能够调节道德行为的道德情绪，又包括会影响社会性决策的、基于预测未来结果而产生的情绪。这类情绪具备“获得缓和”的社会信号功能。

3. 社会情境与情绪——行为倾向

在充满各种复杂因素的社会决策中，情绪是如何发挥作用的呢？这是一个大家都感兴趣的问题。对此，克里夫指出社会情境是最重要的因素，可以界定为个体在社会决策中所知觉到的合作或竞争关系。当个体目标为合作性联系时，策略性情绪表达对于提升自身收益没有太大作用，情绪表达在合作关系中具有较低的策略价值，个体更可能感受到他人情绪并受其影响。而竞争性社会情境中个体间的信任程度低，任何可能透露对方意图的信息都具有很高的策略价值，他人情绪的社会信息功能更为突出。所以，在合作关系中，个体往往采用情感反应进行情绪信息加工；而在竞争关系中，个体则主要采用推断加工来加工情绪信息。不过，竞争与合作之间并无绝对界限，一般情况下，个体知觉到的优势社会情境才会对其决策产生影响。

因为克里夫等研究者在划分情绪类型时提出，不同类型的情绪会依据具体情境的不同出现不同的评估意义，进而对决策行为产生影响。所以 EASI 模型根据四类情绪与社会情境的关系，结合个体的三种行为倾向，提出了四种基于情绪的行为倾向。（1）第一类情绪（如快乐），在合作中基于个体的情感反应加工使其出现趋近倾向；在竞争中基于个体的推断加工，认定对手处于盈利状态，使其出现反对倾向。（2）第二类情绪（如愤怒），在合作与竞争中都对愤怒指向的目标产生压力，但会由于相互利益的依赖而使个体出现回避倾向。结果是在合作中促进了反对倾向（竞争），在竞争中促进了趋近倾向（合作）。（3）第三类情绪（如悲伤），在合作中使个体出现趋近倾向，在竞争中使其出现回避或反对倾向。（4）第四类情绪（如内疚），在合作中使个体出现趋近倾向（合作），在竞争中使其出现更强的反对倾向（竞争），如个体表达出“我愿意赔偿”，则对方反而提出更高的要价。

第四节　领导如何调控情绪

一、领导情绪调控的切入点

EASI 模型为针对人际适应不良的心理辅导及训练方案的开发提供了新的切入点，也为儿童、青少年乃至成人的社会性教育指出了新的着眼点。因为人际情境中所出现的决策失误大多由情绪问题所激发，通常表现为情绪管理失误、情绪加工偏差以及情绪表达不当。未来应用可结合这三个方向来进行：

1. 提升人际情境中的情绪管理水平

虽然心理学研究已经证实，个体早在八九个月大时就形成了凭借面部表情等线索理解他人行为意义的能力，但随着成长和环境的日益复杂，情感反应加工会在第二阶段发生强烈的情绪的“个人效应”，从而衍生出个体的“任性”行为。个体只有加强情绪管理，才能减少因情绪的个人效应而可能导致的消极决策后果。在面对负性事情引发的消极情绪时，我们通常会采用抑制（压抑消极情绪）与重评（重新评价负性事件的后果与意义）两种情绪管理策略，而研究发现重评策略能有效提高个体对不公平提议的接受率。换言之，重评策略更有助于控制情绪、减少争执。采用这类策略可有效克服情感反应加工中发生的情绪个人效应可能带来的负面作用，提升个体的情绪管理水平。除了有意识的情绪管理，近年来自动化情绪管理也逐渐引起关注。

领导者与普通人的主要区别之一是掌握权力，因此也比普通读者更关心权力与情绪管理的关系。对此，克里夫等人的研究发现，高权力个体具有自动管理情绪的倾向，比如为了保证自己的权力地位而不去同情他人的遭遇。类似地，对于他人的痛苦，首先发生的加工是推断加工而非移情，痛苦对于环境的信号意义被放大，也就是说，看到别人的痛苦，我们可能首先会分析是哪些环境因素导致他的痛苦，然后推断这样的痛苦是否会发生在自己身上，当自我评估为安全时，我们才有“余力”同情别人。

此外，研究者在整合了已有研究的基础上发现，我们同时拥有内隐的（自动的）与外显的（努力的）情绪管理双系统，并指出过去研究主要集中于外显的情绪管理双系统，而对于更自然，也有可能更常见的自动化情绪管理系统的了解还远远不够。在情绪调节的脑机制方面，研究发现在最后通牒博弈[①]实验（Ulitmatum Game）中，腹正中前额皮质损伤的病人对不公平提议的拒绝率更高，而该脑领域一直被认为与调整情绪反应有关。神经生理研究表明，自动化情绪管理的神经机制与眶额皮质、前额皮质

① 最后通牒博弈是一种由两名参与者进行的非零和博弈。在这种博弈中，一名提议者向另一名响应者提出一种资源分配方案，如果响应者同意这一方案，则按照这种方案进行资源分配；如果不同意，则两人什么都得不到。按照理性人假设，只要提议者将少量资源分配给响应者，响应者就应该同意。因为这要比什么都得不到好。但实际进行的实验则表明，只有当给响应者分配足够的资源时，方案才能通过。当有多名响应者参与时，这一博弈就成为海盗博弈。

有关。

由此可以看出，传统的情绪管理课程中所强调的情绪管理策略主要是外显的，只能解决部分问题；新兴的情绪管理观若结合 EASI 模型，对情绪管理的指导思想与方法演进具有更大价值。但如何才能整合有意识的与自动的情绪管理，提升个体的情绪管理水平，还有待进一步研究与探索。

2. 提高人际情境中情绪信息加工的准确性

儿童、青少年情绪信息加工的不成熟可能导致其对情绪信息的误读，进而导致错误的人际决策。情绪信息加工的不成熟，可能体现为认识动机不足或对情境理解的失误。认识动机不足可能导致儿童、青少年对情绪信息进行“感性”的情感反应加工，不利于其发展推断加工能力，进而常常造成误读情绪信息。

另外，现代社会对于“竞争”和“成绩”的倡导不利于发展儿童、青少年对社会情境的理解，这种错误知觉也会导致情绪信息加工的失误，进而做出错误的人际决策。在目前新兴情绪管理观尚不成熟的情况下，就解决情绪性的人际适应不良而言，对他人情绪信息进行准确加工的重要性甚至超过了加强情绪管理的重要性。如何从根本上减少对情绪信息的错误加工？ EASI 模型在这方面的价值还有待进一步发掘。

3. 提升人际情境中的情绪表达能力

根据 EASI 模型及相关谈判研究的结果可知，情绪的确定性与情绪的表达方式有关。适当的情绪表达，有助于更好地向他人传达情绪背后的策略性信息，有助于决策者达到行为目的。反之，不当的情绪表达，则更可能导致他人对情绪信息的误读，进而产生消极后果。因此，提升人际情境中的情绪表达能力，对加强个体的人际适应具有重要意义。

二、正确理解负性情绪

所有的消极情绪都是不好的吗？如果把消极情绪全部摒除在生活之外，我们就能获得健康与快乐吗？我们需要从正反两方面来理解负性情绪。

1. 负性情绪的危害

心理学上把焦虑、紧张、愤怒、沮丧、悲伤、痛苦等情绪统称为负性情绪（Negative Emotion），人们之所以这样称呼这些情绪，是因为此类情绪体验是消极的，身体也会有不适感，甚至影响正常的生活和工作，还有可能引起身心的严重伤害。

很早就有学者关注这个问题，他们进行了一系列的情绪实验。古代阿拉伯学者阿维森纳曾把一胎所生的两只羊羔置于不同的外界环境中生活：一只羊羔随羊群在水草地里快乐地生活；而另一只羊羔旁边却拴了一只狼，那只羊羔总是感受到自己面前那只野兽的威胁，在极度惊恐的状态下，它根本吃不下东西，不久就因惊恐而死去。

其后，心理学家也曾用狗做过嫉妒情绪实验：把一只饥饿的狗关在一只铁笼子里，让笼子外面的另一只狗当着它的面吃肉骨头，于是笼内的狗在急躁、气愤和嫉妒的负性情绪状态下，产生了神经性的病态反应。

心理学家还利用猴子进行实验。两只猴子同时关在笼子里，一只被捆住，不能动；另一只可以在笼子里活动。实验者每隔 20 秒对猴子进行一次电击，每次放电前 5 秒，笼子里的红灯就会亮起。笼子里有一个开关，每当红灯亮起，只要按动开关就可以逃出笼子。能够自由活动的那只猴子发现了这个开关。实验不间断地进行，结果有一只猴子死了。那么，死的是哪一只猴子呢？原来，死的是那只能活动的猴子。原因是猴子害怕电击，都希望逃避。被捆住的猴子毫无办法，只好听天由命；可以活动的猴子为了逃避电击，需要时刻注意红灯的闪动，红灯一亮就得迅速打开开关向外逃窜。可以活动的猴子长时间地处于高度紧张状态，它的死和不良情绪紧密相关。

在非洲草原上，有一种不起眼的动物叫吸血蝙蝠。它身体极小，却是野马的天敌。这种蝙蝠靠吸动物的血生存，它在攻击野马时，常附在马腿上，用锋利的牙齿极敏捷地刺破野马的腿，然后用尖尖的嘴吸血。野马受到这种外来的挑战和攻击后，马上开始蹦跳、狂奔，蝙蝠仍然可以不受影响地吸附在野马身上，直到吸饱才离去。不少野马常常在暴怒、狂奔、流血中无可奈何地死去。动物学家在分析这一问题时，一致认为吸血蝙蝠所吸的血量是微不足道的，远不会让野马死去，野马的死亡多是它自己的狂怒所致。对野马来说，蝙蝠吸血只是一种外界的挑战，是一种外因，而野马对这一外因的剧烈情绪反应，才是导致它死亡的真正原因。

不仅动物如此，人在受到负性情绪影响时，也会对身体造成很大的不良反应。1934 年，在印度的首都新德里，有几位心理学家想做一个离奇的心理学实验，但被试者十分难找，最后找到了一位即将被处死的罪犯。警察将罪犯带到一间实验室，将其捆在床上，使其手臂伸出床外并固定好，并将罪犯的视线隔开。一位化装成医生的心理学家告诉罪犯：“我们将一点点放你的血，直到你流干身体里的最后一滴血。这种死亡方法不会有太多痛苦。”说着，心理学家将一把明晃晃的手术刀伸到罪犯面前说：“我将用这把刀切开你的动脉血管。”心理学家边说边用锋利的手术刀在罪犯的动脉处轻轻一划，由于受伤甚轻，少许鲜血流出后不久就自行凝固了。但心理学家在罪犯手臂的下方放置了一个回音很好的金属盆，然后用滴漏将水一滴一滴地滴到盆里。水滴击打着金属盆发出滴答、滴答的轻响。四周静悄悄的，大家都屏住呼吸仔细观察罪犯的表情。几位化装成医生的心理学家偶尔说几句话。一会儿说，已经有 300 毫升了。一会儿又轻轻说，快半盆了。随着滴答、滴答的声音持续不断，罪犯的脸色变得苍白起来，好像真的失去了血色。又过了一会儿，罪犯的呼吸微弱起来，最后罪犯终于面色苍白地昏死过去。

1954 年，加拿大麦克吉尔大学的心理学家进行了一次“感觉剥夺”实验。实验中给被试者戴上了半透明的护目镜，使其难以产生视觉；用空气调节器发出的单调声音限制其听觉；手臂戴上纸筒套袖和手套，腿脚用夹板固定，限制其触觉。被试单独待在实验室里，几小时后开始感到恐慌，进而产生幻觉……在实验室连续待了三四天后，被试产生了许多心理病理现象，出现错觉、幻觉、注意力涣散、思维迟钝、紧张、焦虑、恐惧等，实验结束后需数日才能恢复到正常。

随着现代医学的进步，美国一些研究人员进行了一系列有关人情绪方面的实验。比如，美国生理学家爱尔马收集了人们在不同情况下的“气水”，即分别把悲痛、悔恨、生气和心平气和时呼出的“气”注入水中做对比实验。结果又一次证实，负性情绪对人体危害极大。心平气和时呼出的“气”被放入有关化验水中沉淀后无色、清澈透明，悲痛时呼出的“气”沉淀后呈白色，悔恨时呼出的“气”沉淀后则为蛋白色，而生气时呼出的“气”沉淀后为紫色。把人暴怒时产生的“气水”注射在小白鼠身上，这些小白鼠的初期反应是表现呆滞、胃口尽失，数天后它们都默默地死去。由此，爱尔马分析：人的愤怒会耗费大量的人体精力，其程度不亚于参加一次千米赛跑；愤怒时的生理反应十分剧烈，分泌物比任何情绪的都复杂，且更具毒性。爱尔马的实验告诉我们：恐惧、焦虑、抑郁、嫉妒、敌意、冲动等负性情绪，是一种破坏性的情感，长期被这些情绪困扰就会导致身心疾病的发生。

2. 负性情绪的积极意义

小时候，伤心的时候，父母会告诉我们，不要哭，不许哭，不哭才可以有糖吃；害怕的时候，同学伙伴会嘲笑我们胆小鬼；生气的时候，有人指责我们小气，开不起玩笑……于是我们就形成了这样的认知：悲伤、恐惧、愤怒等都是消极情绪，而消极情绪都是不好的，是不应该被表现出来的。

从科学的角度讲，这种观点是大错特错的。

诚然，积极情绪使我们感觉良好，但是消极情绪对我们来说却意义非凡。试想一下，我们不会无缘无故地生气，当有人侵犯我们的权利时我们会生气，而这种愤怒的情绪有助于保护自己并坚持自己的主张。

从进化论的角度看，我们的祖先依赖于消极情绪而活着。当饥饿的猛兽徘徊在洞穴门口时，他们的体内激发了高度警戒的信号，促使他们采取行动来保护自己。在现代生活中，虽然我们通常不需要时刻担心自己的基本生存问题，但是消极情绪依然可以发挥它的作用。

在电影《头脑特工队》中，我们就看到了悲伤对于人们的意义。“悲伤”降低身体的能量，总是“拖后腿”，所以行动力比较强的“快乐”“恐惧”“厌恶”“愤怒”总想甩掉“悲伤”，但是真正失去了“悲伤”之后，时刻处于亢奋中的生活谁也吃不消。当我们失去自己所珍视的东西、失去所爱的人，或者经历生活变化而离开过去时，就会感到悲伤。如果我们压抑自己内心的情感，装出一副满不在乎甚至开心的样子，那么便只能独自忍受这种痛苦。而当我们表露出自己的悲伤和难过时，也会收获来自他人的关心和温暖，这恰恰是缓解痛苦最好的办法。

当然，过度的消极情绪对我们来说也不是件好事。俗话说“气大伤身”，消极情绪过多不仅对身体有害，也会阻碍我们的发展。说了那么多，那么当我们感到悲伤时到底哭还是不哭？要不要表露出消极情绪，关键看它是你的朋友还是敌人。

例如：当你失去了很重要的东西，悲伤让你放慢脚步，去回忆它、纪念它，发现它带给自己的意义，让这种意义激励自己过更好的生活。但是如果你意识到你的悲伤令你变得脆弱，甚至快到抑郁的程度，身体锻炼或者社交都不能让你走出去时，那么它就变成了你的敌人。你应该想办法摆脱它，让自己走出来。

同样地，担心、害怕、恐惧，这些情绪是你在事情发生之前对“危险”的预期，这个“危险”可以是实实在在的生命危险，如疾病、车祸，也可以是“被拒绝”“被批评”的危险。我们天生就会对某些事物产生恐惧，而这也让我们得以在“危险”产生之前做好充足的准备，从而安全渡过这一“难关”。因此，如果你的担心害怕确实让你做了更多的准备，并且小有成效，那么就不必去过度关注它，甚至压抑它。反之，如果你意识到你的恐惧或者焦虑强大到让你无法思考、无法行动，阻止你的步伐，那么你就应该对它进行反击。运动或者冥想等都能帮助你放松身体，缓解紧张。

最后我们来谈谈愤怒。有的人可能会想，愤怒或者生气能有什么好处呢？其实不然，愤怒也是表达自己的一种方式。特别是对于委婉的中国人来说，我们很少用言语表达自己的不满，因为很多时候我们把生气等同于发脾气、没礼貌，所以选择在人前忍气吞声，在心里画圈圈……但是长此以往，你还是会受同样的委屈，你的权利依然受到侵犯，“便利贴女孩”大概就是这样形成的吧。

所以愤怒不是为了自己出气，而是为了表明态度，捍卫自己的权益。如果你没有控制好你的火力，开始责怪这个世界，开始对所有的事情都感到不满，甚至伤害到了身边的人，那么你就得收收自己的怒气，对身边的事物仁慈一点了。

总而言之，任何情绪的存在都有它自己的意义，我们要做的不是去追求积极情绪，否定消极情绪，而是跟随自己的内在信号，来认识情绪对自己的意义，并且让它们为自己“效劳”。

三、领导常见情绪问题的认知与调控

情绪问题人人都有，不因身份、地位和财富而有任何偏爱。换言之，领导者像普通市民、工人、农民一样，有自己的难题、困境，也有自己的愤怒、委屈、焦虑与抑郁。

哈佛大学研究显示，如果你感到沮丧，是因为对过去的不满，而如果你感到担忧和焦虑，是因为你活在未来。心理健康的人，拥有积极情绪的人，活在当下，当下最真实，当下最可控。

哲学家尼采曾经说过：“生命之于我们，意味着不断将我们自身以及所遭遇的一切转化为光与火。”情绪问题于我们既习以为常又常常感到困扰，是障碍也是契机。正视当下的情绪，管理好自己的情绪行为反应，是领导者必备的素质，也是需要不断提高的能力。下面列举几种领导者在工作中常见的情绪，探讨如何正确认识自己的情绪，并进行有效的调控。

1. 愤怒情绪的认知与调控

本杰明·富兰克林曾经说过：“愤怒从来都不会没有原因，但没有一个是好原因。”乍一听这真是一句妙言，也许可以装裱起来装饰墙壁并时刻提醒自己不再愤怒。但是，愤怒真的就没有好的原因吗？当然不是。

多数人都认为自己是善良的，并因为太善良而屡屡吃亏受骗。多数人都认为自己遭受了不公甚至极不公正的对待，自己本应该得到更多。并且他们都认为，自己为了家庭、朋友、生活，付出了极大的代价。

心理专家说，偶尔的愤怒并不是件坏事。因为人在生活中不可避免地总会遇到一些愤怒的事，但如果长期压抑自己，不将愤怒宣泄出来，将会对自己有很大的伤害，比如打击你的自尊甚至伤害你的身体，带来高血压和心脏病等多种疾病。但愤怒本身不过是情绪的冰山一角，它并不是独立存在的，而往往被其他情绪（如害怕、怨恨或不安等）引发。我们要做的不是压抑愤怒，而是找到引发自己愤怒的情绪，处理好这些情绪，从而避免愤怒带来的消极影响。

专家将愤怒分成 5 种类型，并提供了破解之法。

愤怒类型 1　爆发型

症状：用全身力气喊出："你给我滚！"爆发型的愤怒往往伴随着歇斯底里，也许把你逼到这一地步并不容易，但当这一刻真的来临时，便会地动山摇，令身边的人都想逃离。

心理描述：有时候我们说一个人是爆炭脾气，一点就着。这样的人有可能是急性子，也有可能平时喜欢压抑怒气，越压越压制不住，一件小事就点着了怒火。发怒时肾上腺素突然上升，驱动一系列冲动行为。我们常常会说出很多让自己后悔的话或是做出很多无法弥补的举动。

心理处方：一种办法是学会控制怒火，通常愤怒所持续的时间不超过 12 秒钟，就如同暴风雨一般，爆发时摧毁一切，过后却风平浪静。如果能在这关键的 12 秒内保持克制，怒气自然就会消解。试着做三个深呼吸，或者在心中默数 10 个数，你就会感觉到效果。另一种办法是换一种方式来表达，当然这也需要在第一时间关注自己的炮口。严肃而克制地告诉对方"我对你的做法真的很失望"。这句话比你暴怒时口不择言的伤人之语更有力量。

愤怒类型 2　隐忍型

症状："好的。我明白。我理解。"即使你内心有一万个愤怒的火球，但你仍然展现给别人一张笑脸，不露痕迹地掩藏自己真实的情绪。

心理描述：在我们的社会文化中，女孩子通常从小就被教育要做“淑女”，无论发生什么事情，都不能轻易发脾气。发怒只会让你失去公众形象、声誉、工作甚至婚姻。愤怒的积极意义是提醒我们一直以来坚定的事物受到了挑战，需要尽快寻找解决方案。如果对这种提示视而不见，仅仅用暴饮暴食和过度消费的方式宣泄内心愤怒，很可能错过自己解决问题的时机。同时，忍气吞声也可能放弃了让被人改正错误的机会。试想，如果对方都不知道他的行为损害了你的权益，又怎么会道歉或补救呢？

心理处方：挑战习惯性信念，质疑自以为是的隐忍，容许自己和他人表达愤怒。问你自己：“我作为领导允许下属随时早退是对他们好吗？对于爱人来说，我每周末都陪客户打高尔夫好吗？”如果你够诚实，你的答案一定是：不。跳出惯性思维认识对与错，这是改正的第一步。将自己置身事外。想象自己的一个朋友长期被领导批评，无休止地加班，或被漠视。对他来说，该如何做出正确的反应呢？列出一张清单，写下他所可能采取的行为；跟自己对质，为什么这些方法对他可行，对自己却不可行呢？面对他人的指责和冤枉，你可以用一种积极的、有建设性的语言进行反击。对方可能会对你的语言感到吃惊，甚至有些生气。但是他们会原谅并逐渐习惯你的方式。

愤怒类型 3　嘲弄型

症状：“你迟到得正好，我可以看看路上的车都是什么牌子，看了一个小时呢！”不高兴的时候，你可能倾向于用一种拐弯抹角的方式来表达自己的不快，甚至脸上还带着笑容，但其实谁都知道你在指责、抱怨。

心理描述：因为过往的生活经验告诉你直接表达负面情绪会引起不好的后果，所以你用自以为简介的方式去表达。如果对方生气了，就是他开不起玩笑。尽管你觉得你的语言里充满了智慧和幽默，但嘲弄终究是嘲弄，人们对于情绪的感知是非常敏锐的，被嘲弄的对象很少会把你的嘲弄当作幽默。

心理处方： 找到合适的词语直接表达你内心真实的想法，特别是在亲近熟悉的人之间。表达要明确，让对方了解到你的愤怒以及愤怒的理由。

愤怒类型 4　破坏型

症状： 暗自下定决心"你让我有苦说不出，我让你也不好过"！这是一种更隐蔽、更耗精力的表达愤怒的方法。

心理描述： 当人们觉得自己正面抗争不过别人时，就会变成暗处的愤怒者，偷偷地对别人进行攻击。这种心理驱动下行为的目的是不让别人得到他们想要的东西，而不是努力争取让自己得到幸福。破坏型愤怒带来的结果就是双输。工作中用这种方式表达愤怒，可能会成为他人眼中的"小人"。

心理处方： 允许自己生气，但是不把自己限制在愤怒的框子里，为自己寻找最优的解决路径。恰当地表达愤怒是为自己争取合理权益的一种方式。

愤怒类型 5　习惯型

症状： "真烦，她怎么总是到我这里来打印，楼上的公共办公区不是有打印机吗？"这样的抱怨对于有些人来说可能很常见，但这并不是针对该事件应有的正确反应，而是一种错误的习惯。

心理描述： 这些看似无关紧要的小抱怨，背后一定隐藏着一些你不敢正视或不曾留意的怨恨、遗憾或是挫败。面对你这样莫名其妙的发作，家人、同事、朋友都需要承担很大的心理压力，以期望不再让你生气或发怒。

他们也可能会选择远离和逃避你。

心理处方：直面自己的内心深处。周围的人和事，究竟哪些让你不满意而又不能理直气壮地表达出来？是自己心中的妒忌、猜疑吗？如果是，那就处理好自己的不良心态和认识，如果不是，找到内心深处的原因，到底是什么让你感觉受到了威胁。习惯性的抱怨和“找碴”其实是在敷衍自己。

人们最常犯的一个错误就是用别人的过错来惩罚自己，原谅与接纳那些伤害我们的人是打开心结的唯一方法。一只骆驼，辛辛苦苦穿过了沙漠，一只苍蝇趴在骆驼背上，一点力气也不用，也穿过了沙漠。苍蝇讥笑它说：“骆驼，谢谢你辛苦把我驮过来。再见！”骆驼看了一眼苍蝇说：“你在我身上的时候我根本就不知道，你走时也没必要跟我打招呼。你根本就没有什么重量，别把自己看太重，你以为你是谁？”那些伤害你、利用你、嘲讽你的人，根本就没有什么重量。原谅他们，其实是原谅曾被伤害的自己。接纳他们，就是接纳正在成长的自己。

有一个叫阿地巴的人，生活在古老的藏族地区，他有一个特别的习惯：每次生气要与人起争执的时候，就以很快的速度跑回家，绕着自己的房子和土地跑三圈，然后坐在田边喘气。

多年以后，阿地巴老了，他的房子和土地也越来越大、越来越宽广了。每当他生气时，仍会拄着拐杖艰难地绕着土地和房子转，等他好不容易走完三圈，太阳已经下山了，阿地巴独自坐在田边喘气。他的孙子看到后恳求道：“阿公！您年纪已经这么大了，这附近也没有其他人的土地比您的更宽广，您不能再像从前那样一生气就绕着土地跑了。您可不可以告诉我您一生气就要绕着土地跑三圈的秘密？”

阿地巴终于说出了隐藏在心里多年的秘密，他说：“年轻的时候，我一和人吵架、争论、生气，就绕着房子和土地跑三圈，边跑边想：自己的房子这么小，土地这么少，哪有时间去和人生气呢？一想到这里，气就消了，然后把所有的时间都用来努力工作。”

孙子问道：“阿公！您年老了，也很富有了，为什么还要绕着房子和土地跑呢？”阿地巴笑着说：“我现在还是会生气，生气时绕着房子和土地跑三圈，边跑边想：自己的房子这么大，土地这么多，又何必和人计较呢？一想到这里，气就消了。”

现在很多人都对生活有诸多不满，稍有不如意就会怒气冲冲。静下心来仔细想想，生气对我们有什么益处呢？既伤害别人，同时也伤害自己。生气就好比一把利剑，剑锋所向，划伤幸福。当你生气的时候，身边的人会对你敬而远之。生气就好像在别人的心墙上钉钉子，钉子可以拔掉，可是心墙上的洞却难以抚平。当你气消了的时候，却已经给别人造成了无法弥补的伤害，也赶走了温情。每一次生气，都为你的心灵世界横上了一道道沟壑，让幸福失去立足之地。

“生气是拿别人的错误来惩罚自己。”当你觉得别人不好的时候，你只要仔细想想，因为别人的缺陷而折磨自己是多么不值的一件事。而如果你用一颗宽容的心去对待这件事、这个人，会发现事情会简单得多。所以，莫生气，想想身边环绕的幸福，给自己一个平静的借口；莫生气，幸福是个胆小鬼，需要你低下头心平气和地去追求。

2. 抑郁情绪的认知与调控

抑郁，压抑沉重、郁郁寡欢，可以说每个人都有过这样的体验。短暂的抑郁是正常的受挫反应，但如果一个人长期处于找不出明确缘由的抑郁情绪之中，就需要注意了。如果说愤怒是对他人的不满，那么抑郁则往往源于对自己的失望和责难。

“他之所以背叛我都是我的错，因为我不是一个好妻子。”如果你每次都把所有的过错揽在自己身上，那么你的肩上担得起多少过错与责任呢？也许你的自尊受到过重创，而且你发现对自己生气发怒比对别人生气发怒要容易得多。于是，你便把所有的过错都揽在自己身上。长期将过错揽在自己身上，将愤怒藏在自己内心，容易产生对自己的失望和不满，久而久之就会导致抑郁症。

下面是一位患有抑郁症的领导的自白（节选）：

三年半前，我开始有身体不适感，后脑就如同终日压着一块大石，昏昏沉沉瞌睡不止。相伴随的是理解力、记忆力和注意力开始明显走下坡路。直到有一日清晨我终于头痛难耐到无法上班，于是，我去了医院。

医生给我的诊断是脑供血不足，并开了一堆对症的药。药有些许的疗效，缓解了我的头痛，但并未卸下我脑中的大石。在那之后的两年间，如那日般的严重症状陆续出现过几次，我自己也开始尝试以各种手段看是否能缓解自己的症状。我每天早睡早起，吃很多的豆制品，每天吃三根香蕉，每个工作日的晚上都要跑步，每个周末都去游泳……但没有一丁点的起色。

在这两年间，我无论睡多少个小时，都还是睡不饱，脑袋始终昏昏沉沉，就如同熬夜到三四点时的模样，哈欠连天，随时随地都能睡着。但即便如此，当真要我睡觉的时候，我又要辗转反侧许久方能入睡，且睡眠很浅，一点点风吹草动就会把我惊醒，而在这之前我是一个沾上枕头十秒钟内就能睡着的人。我慢慢开始不爱与人说话，因为说话很累，慢慢开始不爱与人交际，因为交际很累，更多的时候我选择在床上躺着睡觉，虽然不管我睡多少个小时也仍然睡不醒。我已经快忘了一个清醒的头脑是一种怎样的状态。

2013年开年，睡眠越来越差，身体也日益乏力，脑中的大石突然开始疯狂生长变得越来越重。每天早上，我都需要与压着我的那块大石全力对抗才能艰难起床，从不迟到的我开始迟到；我无法再维持上班路上读书的习惯，而转为靠着窗户昏睡；下班时我经常需要在上海南站下车歇息一会儿，因为我开始晕地铁，坐的时间一长就头晕恶心；我变得没有办法工作，整个大脑的回路就如同被堵塞住了一样，那块疯狂生长的大石也压得我有一半时间只能趴在桌上；每天一进家门，我就只能躺在床上动弹不得；我不想见人，不想接电话，不想与人说话，不想出门，如此简单的事情于我简直苦不堪言，我开始进入如深渊般的社交困境，我的手脚也如同长出了绳索把我彻底捆缚住了。我开始觉得我的人生彻底无望了。

我看了大量的医生，做了大量的检查，从中医到西医，从脑电图到脑CT，统统无解。我只能回到老家休息了整整一个月，每天早起爬山，想睡就睡，吃了很多滋补的食物，去新疆尝试旅行治疗，依旧无解。

终有一日，有位医生建议我去看心理科，诊断出来是抑郁症，我的所有症状都是抑郁症的肢体症状。医生分析病因，判定我是因上一份持续三年的工作强度与压力过大，且没能及时调整与排解，而导致在离职后，积攒了三年的疲劳和压力瞬间喷薄而出，从而引发了抑郁症。

医生给我开了对症的药，刚吃下两天，我的症状就几乎被全部压制住了，开始恢复正常的生活，正常起床、正常洗漱、正常交谈、正常工作、正常睡眠，我精神上的麻木状态得到改善。只是我脑中的那块大石还在，始终无法移除。这种药物也让我产生了极大的依赖性，有一次因为医生停诊而停药了几日，我就感到头晕目眩、呕吐不止，身体时不时有一种过电般的发麻感，躺在床上动弹不得。中间还有过一段时间的失眠，脑袋累到分分钟就要炸裂，却无论如何都睡不着，夜夜睁着眼到天明，我终于可以理解失眠为何会逼死一个人。

这个过程中，医生尝试了很多不同药物，终于在两年之后，那块大石突然就消失了，我感到从未有过的轻松。可惜我只过了三个星期的好日子，那之后石头又回来了，稳稳地压在我的后脑勺上。

说了这么多，我只是想让大家了解抑郁症患者是一种如何的生理状态和心理状态：

（1）抑郁症的对面不是“快乐”，就像我并没有不快乐。抑郁症的对面是“活力”，是我的身体被病困住了，导致我的人生也如同被困住了，我体内的精力好似被榨干了，导致我的人生也如同被抽空了。所以不要对抑郁症患者说“开心一点”“想开一点”这种话，导致他抑郁的并非心情，开心一点、想开一点并不会减轻他的病痛，更何况绝大多数抑郁症患者已经失去了“开心、想开”的精神调节机制。所以不要以一个人开心不开心来判断他抑郁不抑郁，这两者之间无法画上等号。

（2）抑郁症是一种病，不是一种悲观失落的心情，不是矫情，不是故作姿态，是管理情绪的机能坏掉了，是大脑中无法分泌出有活力的因子了。所以不要对抑郁症患者说“你有啥可抑郁的，我还抑郁呢”这种话。抑郁症是一种病，是病就要吃药。确实有人有轻度抑郁症自己熬着熬着就熬过去了，但对于绝大多数抑郁症患者来说，硬扛不是一个办法，这不是一种用意志就可以与之对抗的疾病。

（3）抑郁症的外部表现非常复杂，悲观低落的心境固然是一种症状，但更多时候还会通过肢体的症状表现出来，比如头昏、乏力等。所以千万不要以没有心理症状而只有生理症状，来否定一个人患抑郁症的可能性。

（4）不要问抑郁症患者“你为什么要抑郁？”很多人的抑郁症是无法找到确切病因的，就像癌症患者不知道自己为什么会得癌症一样。

（5）抑郁症患者的情绪控制能力会较之常人更差，除了经常不想说话外，时常会忍不住情绪失控、脾气暴躁，希望大家都能理解，对于这种情绪上的失控抑郁症患者自己也很苦恼。

（6）抑郁症就是一种普通的疾病，11% 的人都有不同程度的抑郁症状，这没什么见不得人，而且诉说可以缓解抑郁症患者的精神压力。大家不要对它有任何的偏见。

（7）对抑郁症患者而言，轻如鸿毛的精神负担都会带来难以承受的心理压力。社交活动会有压力，比如与不熟悉的人的聚会；他人的过度关注会有压力，比如家人对婚姻状况的关切；生活的突然变化会有压力，比如从小养到大的宠物的离开。这些压力对于寻常人而言实在尔尔，但抑郁症患者实在没有力气来对抗这些哪怕极度轻微的负面情绪，从而会把他越发推向精神困局的最深处。不要逼他们去做任何事情，一个安稳的环境对抑郁症患者非常重要。

（8）抑郁症患者的孤独与绝望，经常来自外界的误解或轻视。与抑郁症对抗，患者需要的不是周围人的大道理，而是支持与鼓励，说得再简单一点，就是理解与关心。

这段自白在让人心痛的同时，是否也开始重新调整您对抑郁症和患有抑郁症的同事、朋友的印象呢？

我们每一个人，无论是为自己还是为他人、为队伍、为组织、为社会的健康发展着想，都需要有对抑郁症的积极认识：抑郁症是一种失调。这种失调其实是人在适应环境过程中的一种反应，就是当你进入一个非常混乱、糟糕、压力很大的环境时，你身体会产生一些反应，这个反应就是生病了，我们将其称为抑郁症。不要认为生病的反应就是不好的，有时候它其实是在保护你，比如当你有了抑郁症状时，你会倾向于停下来，不再去“战斗”，躲在一个让你感觉更舒服和安全的环境里，这样能减少压力对你的影响，不会让你进一步把自己暴露在混乱危险的环境中。另外，消极悲伤的情绪会使你引起周围人的注意，给你带来更多的关爱和支持。

3. 焦虑情绪的认知与调控

我们会出现演讲焦虑、考试焦虑、结婚焦虑、手机焦虑、职场焦虑、选择焦虑等，严重干扰自己正常的生活以及生理和心理功能。焦虑好像掺杂在空气里，无处不在，很容易就能嗅到。

焦虑是对即将到来的威胁和不幸的忧虑预期，并伴随紧张的烦躁不安、担忧、烦恼或一定的身体症状。它有三种成分：认知成分，是以担心为特征，由消极的自我评价产生的意识体验；生理成分，与自主神经系统活动增强相关的特定情绪反应；行为成分，通过防御或逃避而表现出来的行为。

让我们通过考生小明在考试中的表现，来理解焦虑的三种成分。当小明进入考场，坐到自己的位置上时，由于复习准备不足，非常担心，于是心怦怦地跳得很厉害。脑中不断思考要是遇到自己不会的知识怎么办，考差了回到家里又要面对父母失望的表情（认知成分）。想到这里，小明的心情开始烦躁，大脑乱成一团糨糊，没有一点头绪。控制不住地抖腿，手心也开始出汗，想上厕所（生理成分）。终于开始考试了，小明果然遇到了不会的题，心情更加糟糕，索性草草做完试卷，在大白纸上胡乱画着圈圈（行为表现）。

我们从专业的焦虑来理解焦虑情绪，并寻求应对办法。

（1）焦虑影响切换功能

很多人在焦虑的时候就没心情再做其他事情了，勉强投入工作中也很容易出现差错，效率也很低。这是因为人脑的注意资源和认知加工能力有限，焦虑占据了注意资源，迫使大脑集中精力应对焦虑事件和焦虑情绪。焦虑的这种“霸道”行径影响了我们在任务实施中必不可少的一种心理功能——切换。

生活中，我们时常要转移注意力，放下手头的工作去处理另外一项任务，比如你正在跟客户联络，这时老板内线电话打来，让你抓紧把一份文件给他传过去；或者你正在读一份报表，孩子的英语作业需要你帮忙检查。当今快节奏的生活中，我们的思维经常需要在多件事情之间转换，这就是切换功能的作用。

切换是指个体认识到当前的行为或认知定向不合适时，需要停止当前的认知和行为，转向新的认知和行为，从而适应当前的环境。这是一项很重要的执行功能。它反映了人们的认知灵活性，即使已有的认知结构顺应变化中的情景，并转移至其他的思想和行为中，以此来适应新的环境，实现行为的最优化。在瞬息万变的社会环境中，切换能力扮演着极其重要的角色。我们每天要应对的变化太多，要做出的选择太多，所以焦虑太多。这就需要切换注意、切换思维、切换观念、切换心情。

焦虑作为现代社会常见的负性情绪，会严重影响个体的切换功能。有研究者在 2009 年进行了一项实验，让高低焦虑者在任务切换条件下和无任务切换条件下完成算术任务。结果表明，高状态焦虑者在任务转移条件中，完成算术任务的反应时要大于无转移任务条件下的反应时，而在低状态焦虑的情况下，这两者之间的差异并不明显。这说明焦虑减少了个体的注意控制能力，损害了个体的切换功能。在另外一个考察焦虑者的切换功能的实验中，研究者给被试的一项任务是基于面部表情的情绪性加工，而其他任务中的表情为中性。结果发现，高特质焦虑者从中性任务切换到情绪性任务所用的时间明显大于低特质焦虑者，同样表明焦虑会损害个体的切换功能。

为什么焦虑情绪会对个体的切换功能造成损害？这是因为焦虑会使个体集中于外界负面的情绪事件或场景中，出现负性注意偏向，干扰了自上而下的目标驱动加工系统与自下而上的刺激驱动加工系统之间的平衡，使刺激驱动加工系统占优势，从而占用个体有限的注意资源，最终损害认知功能。

那么如何减缓切换损害？在我们情绪糟糕、焦躁不安时，首先需要平复不良情绪，然后才能处理事情。因为在焦虑这种负性情绪下，切换注意去完成另外的事情时，需要消耗很多的心理资源。所以，你可以去做一些放松的事情，转移自己的注意力和情绪状态，让自己平静一些，让大脑更容易完成切换功能。

为什么我们常常听到有人说：你太焦虑（抑郁）了，给自己放个假，好好放松一下吧！这是因为积极情绪可以提高我们在认知任务中的表现。比如，有研究者通过让被试观看能够激发人情绪的短片并在计算机上执行记忆任务。发现正性情绪（高兴）加强了言语工作的记忆操作，而负性情绪（焦虑）的作用恰好相反。并且被试越沉浸在录像的情绪中，对他们的影响也就越强。另一项研究则发现，实验参与者在积极情绪条件下的单词联想测验要比中性条件下的单词联想测验产生更多、更广泛的联想，并且言语流畅性也会提高。

我们的日常行为也印证了上面的实验结果，有很多人会劝慰情绪不好的人切换一下注意力或心情，来缓解焦虑或是抑郁。比如去旅游、听歌、吃大餐等，这些建议都是有道理的。

（2）焦虑对脑结构的多重损伤：焦头烂额

研究已证实，病理性焦虑及长期应激可导致海马及前额叶皮层的结构退化及功能受损，从而升高其他精神障碍发生的风险（如抑郁及痴呆）。焦虑是一种不安、紧张、对不确定事件担忧的感觉，主观体验常伴随生理征兆如出汗、颤抖、头晕及心跳加速。偶尔及短暂的焦虑是生活中必需的部分，但频繁或持续存在时可发展为病理性疾病，干扰工作、学习、人际活动。

焦虑、恐惧、应激三者存在一定的相似性，相互关联存在，且具有共同的神经内分泌结构基础。

◎焦虑更强调对尚未发生，甚至不一定发生的事件的感觉，往往是消极的。

◎恐惧一般是对已确认存在的威胁的反应，对于生存至关重要。但恐惧也可表现为病理性，如恐怖症。

◎应激的概念是对某一具体刺激或需求的适应性反应，相比情绪变化更强调生理状态变化。虽然应激本身为适应性反应，但慢性应激属于病理状态——可对免疫、代谢及心血管系统造成巨大损伤。

慢性应激（Chronic Stress）会增加严重精神障碍如抑郁症的发生风险，近期又被发现与痴呆的发生存在关联。动物及人类实验中均观察到，应激可引起杏仁核过度活跃、前额叶皮层及海马结构受损，从而导致情绪调节及认知功能受损。可见，病理性焦虑/应激可对大脑造成损伤，但这一损伤是可逆的，可通过药物及非药物治疗逆转。

【扩展阅读一】神经医学视野下的焦虑问题

（1）恐惧及焦虑的神经学基础

察觉到环境中的威胁信号，产生自主神经兴奋，并产生恐惧及焦虑等情绪——这一过程是通过腹侧神经系统介导的。该系统包括杏仁核、岛叶、腹侧纹状体、下丘脑、导水管周围灰质、腹侧前扣带皮层（ACC）及前额叶皮层（PFC），特别是腹内侧前额叶皮层（mPFC）及眶额皮层。杏仁核是此环路中的核心，对恐惧的形成及表达起着至关重要的作用，同时也是情绪学习的重要结构。恐惧及焦虑的神经过程简要来说，就是杏仁核检测到威胁并产生恐惧焦虑情绪，而内侧前额叶皮层及海马抑制杏仁核的活动，在杏仁核与 mPFC 及海马的动态平衡下，即实现了情绪的调节。

（2）焦虑障碍的功能性神经解剖学

焦虑障碍的特点是无法调节面对威胁时的情绪。可能的原因为杏仁核及其他边缘 / 皮层下区域的阈值下降、过度激活、传导功能异常。即焦虑障碍患者在面对威胁时，杏仁核过度活跃，而 PFC 及海马活动减退。焦虑症患者对环境中负面信息及威胁更加敏感，这种对于威胁的过度敏感，就是杏仁核作过度激活的结果，可见于惊恐障碍、社交焦虑障碍（SAD）、单纯恐怖症、广泛性焦虑障碍（GAD）、创伤后应激障碍（PTSD）中。也有证据表明上述患者中存在情绪学习能力受损、mPFC 活动减退、杏仁核与 mPFC 的关联减弱，表明 PFC 对杏仁核及中枢神经其他脑区的调节作用减弱。GAD、惊恐障碍、PTSD 及社交恐惧障碍患者由于区分威胁与安全的能力受损，会对中性或良性刺激进行恐惧的泛化。PTSD 患者的海马体积缩小、功能减退，使患者难以区分威胁，所以出现不断重复体验到之前已消退的恐惧，这种“恐惧重现”是焦虑障碍的发病机制之一。

（3）应激反应的神经学基础

在急性应激状态下，儿茶酚胺经由交感—肾上腺髓质系统释放至外周，同时应激激素皮质醇通过中枢下丘脑—垂体—肾上腺（HPA）轴释放增加。下丘脑刺激肾上腺髓质释放肾上腺素及去甲肾上腺素，造成自主神经变化，如心率增加、血压升高、呼吸加快、皮肤电导增强，共同构成了“战斗 / 逃跑反应”。糖皮质激素进而在应激反应的反馈抑制中起到重要作用，负责在应激源撤退后解除应激反应。上述过程在各器官的共同作用下，实现各生理因素的动态平衡，使个体能够在环境改变中良好适应，被称为应变稳态。

急性应激状态时，杏仁核作用会引起PFC中多巴胺、去甲肾上腺素水平增高，进而激活蓝斑去甲肾上腺素能神经元。动物实验中，使用多巴胺或肾上腺素激动剂引起PFC功能激活，使PFC中儿茶酚胺释放增加，可造成以工作记忆为主的功能受损。由于糖皮质激素抑制了神经胶质转运蛋白，及对含有糖皮质激素受体的下丘脑及附近脑区（包括PFC、杏仁核及海马）的作用，造成儿茶酚胺水平进一步升高。之后糖皮质激素敏感的海马神经元对HPA轴进行负反馈调节，达到应激反应的终止。因此，海马及mPFC与杏仁核共同对情绪进行调节，并在糖皮质激素介导的反馈机制下实现对应激反应的调节。

（4）病理性焦虑及慢性应激对大脑的影响

频繁、慢性的应激暴露会导致神经内分泌系统受损，并随着时间的推移侵害其他相关生理系统，如免疫、代谢及心血管系统功能，升高疾病的发生风险，包括心血管疾病、糖尿病、代谢综合征及神经精神障碍。

有报道称中年经历过明显心理压力的妇女，20年后罹患阿尔茨海默病的风险升高；焦虑症状可使老年人罹患阿尔茨海默病的风险升高至2.5倍。在动物模型中发现，应激水平的糖皮质激素能够引起淀粉样蛋白生成及Tau蛋白[①]积累。

---

① Tau蛋白是含量最高的微管相关蛋白。正常脑中Tau蛋白的细胞功能是与微管蛋白结合促进其聚合形成微管，与形成的微管结合，维持微管的稳定性，降低微管蛋白分子的解离，并诱导微管成束。Tau蛋白为含磷酸基蛋白，正常成熟脑中Tau蛋白分子含2—3个磷酸基。而阿尔茨海默症（老年痴呆症）患者脑的Tau蛋白则异常过度磷酸化，每分子Tau蛋白可含5—9个磷酸基，并丧失正常生物功能。

尽管之前的研究并未发现焦虑与阿尔茨海默病之间的关联，但近期神经影像学数据显示，遗忘型轻度认知损伤（aMCI，一种阿尔茨海默病前驱症状）老年人焦虑严重时，发展为阿尔茨海默病的风险升高，焦虑的风险比为 1.33，轻度、中度、重度焦虑可分别引起阿尔茨海默病风险升高 33%、78%、135%。同时，aMCI 老年人焦虑严重度与内嗅皮质和内侧颞叶的萎缩程度呈正相关关系。

（5）海马损伤

研究发现，无论对于人类或动物，HPA 轴慢性长期兴奋及继发的糖皮质激素分泌增加会对海马结构造成损伤，可导致海马萎缩、海马神经元形成减少。啮齿类动物实验中发现，海马神经元发生减少可导致认知障碍、抑郁症状、焦虑样行为，类似结果也在人类研究中被观察到，精神障碍（包括抑郁症及 PTSD）患者中发现存在海马萎缩及 HPA 失调。海马神经元功能异常的转基因小鼠，可表现出联想学习受损，出现恐惧与焦虑的泛化。

海马神经元可增强个体在危险情况下对未知事件的预测及判断能力，从而减轻焦虑与恐惧感，这就解释了为何在阿尔茨海默病个体中，会同时存在认知功能障碍及焦虑、抑郁等情绪障碍。有观点称海马神经元的再生修复可作为抗抑郁作用靶点之一。慢性氟西汀暴露可引起海马组织内髓鞘相关基因的表达增强，而该表达水平在小鼠实验中被证实与焦虑样行为呈负相关关系。

（6）前额叶皮层损伤

啮齿类动物实验中，发现慢性应激可引起小鼠部分 PFC 的结构及功能退化，即部分 PFC 锥体细胞树突棘受损，导致工作记忆受损。其他动物实验也得到了一致结果。慢性应激下 PFC 树突棘减少的同时，杏仁核神经元树突棘增加，进一步加剧了杏仁核与 PFC 功能的失衡。

在人类研究中发现，暴露于负性事件与 PFC 灰质体积缩小有关。慢性应激也与 PFC 连接功能降低及对杏仁核的调节功能下降相关。3 年随访实验中发现，已缓解的抑郁症患者相比于未缓解的患者，海马、前扣带回、背内侧及背外侧前额叶皮层的体积缩小均较少。研究及文献已表明，应激引起的 PFC 受损可导致精神障碍，包括抑郁症及 PTSD，但是否在痴呆中也存在相同机制尚不明了，需进一步研究发现。

（节选自医脉通网站文章《焦头烂额——焦虑对大脑的多重损伤》，2016 年 4 月 1 日）

【扩展阅读二】焦虑是一种天赋

美国著名心理学家罗洛·梅在他的代表作《焦虑的意义》里这样形容焦虑："如果你在马路上，看到一辆疾驶的汽车迎面而来时，我们会感到恐惧，心跳加速，快速横穿马路到达安全地带；而当我们处于朝不同方向疾驶的汽车流，被困在马路中央时，我们心跳加剧却又无所适从，心里产生一种深深的空洞感，这就是焦虑。"

感觉到威胁、看见别人都好像很顺利、找不到突破口，这三个加起来，你心跳加速又内心空洞，这就是焦虑。

如此，我们也就可以理解为什么大家这么焦虑——今天的中国，20 世纪 90 年代的香港和 50 年代的美国都处在一个巨大的经济上升巨浪当中，过去的阶层和模式都被打乱，一切都充满机会也充满竞争——每个人都"处于朝不同方向疾驶的车流"，四处都是机会和威胁，别人都好像很好，而你因为选择太多，无所适从。

为什么罗洛·梅要研究焦虑？因为 20 世纪 50 年代美国人集体焦虑，

大家都怀疑自己有病。这个时候罗洛·梅横空出世，抛出两个深入人心的观点：焦虑是人类面对威胁，希望创造自我的正常状态；从人类进化和自我成长的角度来看，在这样一个时代，焦虑的人才是真正健康，恰当地感觉到时代脉搏的人。“除非我们以冷漠或麻痹自己的感性与想象力为代价，否则这种生命中的正常焦虑是无法避免的。”

从生存意义的角度来看，在任何一个时代，每个正常人或多或少都会有点儿焦虑，从未感受到焦虑的人是不存在的，让所有人都不焦虑的时代也是不存在的。

当前这个时代的特别之处在于，人人焦虑、天天焦虑，所以说社会浮躁。但浮躁的人群中谁会特别焦虑呢？特别敏锐、特别有才华、特别有理想的人。心理学实验指出——知识和创造性与焦虑具有正相关关系。为什么？因为敏感才能感觉到变化、有才华才会有的选择，而有理想的人即使在浮躁的社会中也会坚持自己的方向。这种人就是爱折腾，爱“作”的人。俗话说，傻人有傻福是对的，可是有些卓越的人从基因里就没法享受“傻福”。

抱负、能力、眼界都可以帮助你走到有自主选择权的位置，但是选择是一种预判，谁也不知道未来会怎样，这种不确定必然伴随着焦虑。想想我们都知道的一些患有焦虑症的人，比如海明威、崔永元、葛优……据说海明威为了保持写作的简洁和恰当的焦虑，一直都站着写作。有焦虑气质的人，都是能“看到更好可能”，而且“觉得自己能做好”的人。

焦虑本身不是病。我们不歧视焦虑者，但是也不能轻忽了自己的焦虑状态。大量研究表明，焦虑和绩效呈倒U字形。一定的焦虑会帮助你集中注意力、让你表现得更好，但一旦超过某个阶段，过高的焦虑下人会出现瘫痪，而太低的焦虑又会让人懒惰懈怠。

健康的焦虑像弹簧，威胁越大焦虑越大，但神经质的焦虑则是被压坏的弹簧，焦虑与威胁不成正比——威胁不大焦虑大，这就是神经性焦虑。神经性焦虑非常痛苦，让人抓狂，所以根据弗洛伊德的观点，人们为了逃避神经性焦虑，潜意识里就会出现躯体上的异常反应，比如上瘾，强迫自己重复做某个动作（如洗手、关灯等强迫症），身体得病（疑病症），甚至陷入深度抑郁。

下面介绍几种缓解焦虑的经验办法：

1. 深呼吸放松法： 4 秒吸气、7 秒屏住呼吸、呼气 8 秒、重复 5 次。深呼吸会帮你把注意力从动物神经（交感神经）转换为植物神经（副交感神经），达到生理上放松，进而引导精神减压的目的。

2. 有氧运动法： 跑步或者每天一万步会有效地让你降低焦虑——当然，不要一边走路一边电话，或者听着让你继续紧张的音频节目。走路以一万步左右为宜，并不是走得越多越好，过量运动，即使是看起来轻松的走路，也很可能会损伤关节，适得其反。

3. 想象放松法： 冥想能有效地控制自己的焦虑。乔布斯在苹果公司可是一个暴躁的人，但是他做起产品来，非常宁静。得益于他每天一小时的冥想。

4. 日记抒怀法： 把所有你焦虑的事情写下来，对一部分人来说这也是个有效防止和解除焦虑的方式。因为你把焦虑存在了某个地方，你的脑子终于不用占内存！写下所有最坏的事情，然后把清单放在某个地方，每隔一段时间拿出来——你会觉得——其实也没有什么糟糕的事情真的会发生！

这几种方法当中，见效最快的显然是第一种办法，而多数人最喜欢的是第二种，如果天气不好（如雾霾较重），第三种想象放松法也是很容易操作的。平时有记日记习惯的人可以尝试第四种方法，回头来看，这未尝不是一种成长的记录。

这几种行为技巧可以缓解即时焦虑，长期的焦虑心境调节还需要从认知层面入手，我们可以简单概括为“三认”——认知、认怂、认命。

你只有在嘴巴长疮，突然情绪失控，总是失眠之后，才有可能认识到自己很焦虑。所以第一步叫作认知。知道自己陷入了焦虑。认怂是告诉自己的内心，自己“选择太多，能力不足，水平有限、控制不来”，然后把期待值调整到合适状态，认怂、从心。认命是选择一个选项，并对它负责。以后不管发生什么事，都告诉自己：“那是当时的我最好的选择啦！”

读到这里，你是不是也开始接受罗洛·梅的观点：“生活在一个焦虑时代的少数幸事之一是，我们不得不去认识我们自己。”只有认识了自己，才知道如何面对生活中的不确定。比如，当遇到困惑的时候，为什么给你一个答案，你反而会更焦虑？我们想当然地认为困惑会带来焦虑，而得到一个答案就会降低你的焦虑。其实并不会，你只会更焦虑。

一方面，一个答案解不了你的焦虑——因为拿到第一个答案，就会衍生出第二个问题，难有尽头。另一方面，好的答案一定不是你该选 A 不要选 B，而是会告诉你：如果你要麻花选 A，要包子选 B。最后的选择就会回到一个原点，认识自己——在可控范围内，你准备赌上你的时间，把自己创造成什么样子？

所以，最后一句话才是这一章的重点，在可控范围内，你准备把自己创造成什么样子？想清楚了这个问题，你就明白了情绪调节的目标，以及愤怒、抑郁、焦虑等情绪问题的根源以及捷径——你距离理想中的自己有多远，你的工作（生活）现状距离理想状态还差什么？

CHAPTER 03

第三章

情商与排解压力

当今社会中的人，无论钱多钱少、官大官小、年长年幼，都常常感到压力大、心情紧张，甚至睡眠不佳、出现身体疾患，因而各种各样的压力疏导“教程”应运而生。排解压力的方法有很多种，一些可能对一部分人有效，一些可能对另一部分人有效，一些可以暂时舒缓心情，一些可以长期改善心境。

要想真正排解压力，需要从认知和行为两方面努力。认知上，我们需要了解压力的诱发条件、压力感受的根源以及承压状态的外在表现；行为上，我们需要学习一些身心调节的方法，培养一些有助于解压的生活、工作习惯。对于领导干部群体，有压力、承受压力是工作的一部分，那么释放压力、疏解压力也是生活的一部分。

笑看花开是一种好心情，静赏花落是一种好境界。这一章中，我们既谈心情，也谈境界。

第一节　压力引发的心理问题

一、常见的身心压力反应

在工作和生活中，我们可能都见过这样一些人：年纪轻轻三十几岁甚至二十几岁，头发就白了一半。他们通常自己解释为少白头，从小就这样，可能是先天遗传或者缺少营养。真的是这样吗？在新中国成立后特别是改革开放之后成长起来的新一代年轻人中，难道会有这么大比例的人从小营养不良？

现在的年轻人从小就生活在压力之中，这种压力不是吃不饱穿不暖，而是睡不足玩不够，是难以让周围的长辈满意。处于这种压力下的孩子，从积极的角度说是“早熟”，早熟似乎有很多好处，小小年纪就很“乖”、很“懂事”。在这些令人夸赞的表现之下，我们常常忽略了早熟的代价，比如超负荷地承受压力。而且比少白头更可怕的是，压力总是大于年龄和阅历，催人奋进的节奏太快，就有了疲于奔命的感觉。

从心理学角度讲，压力是指身体或者精神上的过度需求，造成了生理或者心理的紧张感。不论多么强大、“成熟”的人，长期处于压力之下，也会出现一系列的生理和心理问题，严重时甚至还会表现出一些明显的异常行为。

在生理方面，压力下的自然反应是新陈代谢活动发生紊乱，呼吸急促，心跳加快加强，消化液分泌减少。有的人还会头晕头痛，食欲减退，腹痛腹泻，疲惫不堪。长期生理紊乱将致使个体逐渐患上各种慢性疾病甚至诱发潜在的身心疾病，比如胃溃疡、癌症。调查显示，乳腺癌患者大多是以高标准要求自己的人，也就是她们自己给自己施加了很大的压力。

此外，像感冒这样的“不速之客”也经常找上精神紧张、神情沮丧的人。据调查，心理压力大的人精神负担较重，或悲观孤僻，或忧郁沮丧，或逃避现实，他们的感冒发病率是正常人的3—5倍。反过来，疾病带来的身体不适又会导致其消极的行为表现和心理方面的种种不适。

在心理方面，最明显、最常见的承压表现就是情绪不稳定，对周围环境不满意，无端地发脾气或小题大做。还有一些人会有疲劳无力感，或者是无明确原因的不安。用专业一点的语言概括就是“易激怒、反应过敏”。这些情绪表现表明，这些人当前或一直以来承受的压力已经超出了自己的承受能力，需要适当减压。

每个人的心理承受能力不同。有些人可能因为心理压力承受能力差而产生神经质性的心理障碍，比如躁怒、抑郁、歇斯底里等。我们在生活和工作中都会遇到这样一些人，他们不停地抱怨自己的生活、讲话尖刻甚至伤害他人、性格急躁总是十分忙碌却事倍功半；还有一些人正好相反，他们总是显得安分随和、客气有礼却少言寡语、脾气好但是少见真正的笑容，这两个人群都在承受着超出自身承受能力的心理压力，而且这种状态已经影响到了他们正常的生活和社会交往，需要给予更多的关注和必要的治疗。

还有一些更严重者，甚至会出现情感淡漠、幻觉、妄想、自杀意念等病态心理。比如有些精神分裂症患者，生病的原因就是一些诸如亲人离世、婚姻状态改变等重大生活事件。这样的生活事件给人以巨大的心理压力，对于部分人来说，正常的途径无法消解，就只好进入“另一个世界”。从病理上讲，精神分裂症患者的大脑功能“跑偏”了，在某种意义上也可以理解为一种永久性的逃避。

处于高负荷压力下的人常有这样的行为表现：在工作上消极怠工，工作效率下降，逃避责任、跳槽；在人际交往上常与他人发生冲突，人际关系恶化；在生活习惯方面不良嗜好增多，嗜烟、酗酒，甚至吸毒以麻痹自己，更有甚者还会有自杀、杀人等破坏性的违法、病态行为。

生理、心理、行为方面的压力症状不是独立存在的，而是相互联系、相互呼应的。其中，生理反应最诚实，心理反应是根源，行为反应值得关注。当事情一件接一件地到来，个体又没有能力及时解决，长期下来就会感觉没有办法集中精力、疲劳乏力、睡眠不好、烦躁不安、工作学习效率下降。持续的心理压力更可能经常让个体感到浑身不适，经常性地感冒以及不明原因地发低烧，使得个体的躯体技能减弱、生理健康指数下降。即使去医院检查也查不出病因，而如果求助于心理学或精神病学医生，治疗效果反而会较好一些。较为严重的可能还会有惊跳反应[①]。

可见，心理压力涉及我们的日常生活，影响我们的内在状态和内心体验，破坏我们的健康水平和生活质量，也威胁到我们生命的自我意识和自我保护。因此，在感受到心理压力时，我们要及时地找到造成个体感受到压力的影响因素，找出原因对症下药，这样才能快速有效地消除心理压力，保持并维护身心健康状态，为美好的工作与生活提供保障。

二、压力对思维的影响

生活中的压力源有很多：工作超负荷、急速的文化变迁、时间压力、冲突、噪声污染、消极的生活经历、非现实的期望、日常争论等。不仅所有疾病中的 60%—80% 是由这些压力源造成的，而且我们的认知也会受到它们的影响。压力会损害我们的记忆，即我们众多思维的基础，并且它还会更加直接地影响到思维。

压力可以导致对一观点先入为主的偏见、难以集中精力、对判断和逻

---

① 惊跳反应，人或动物被突发性的强感觉刺激诱发的一种防御性反射，表现为面部及躯体肌肉的快速收缩，之后往往还伴随着当下行为的中止以及心率的增加，是应对意外刺激或遇到险情时的一种避险保护反应。产生心理障碍或疾病，出现易激惹、抑郁、幻视幻听等病理性表现。

辑思维的破坏以及消极式自我评价。它也许还会导致无法检验思想与实际是否符合，而且可能会严重干扰我们做决定的能力。处在压力之下，我们对于一个问题发现替代解决方案的能力减弱了，我们为了帮助自己做出决定而寻找相关信息资料的能力被损害了，并且我们决定的长期效果被忽视了。这会导致我们过早地做出决定——被称为“早闭”的行为——然后当我们应付糟糕决定的后果时又会增加更多的压力。

压力会干扰我们发现替代方案的能力。比如，一位教授被邀请为一个社区团体做演讲，但他走错了房间并且突然意识到演讲是在另一座大楼里举行。他开始感到了压力，急忙冲到停车场，准备开车去另一座大楼，该大楼距这里约有一个街区的距离。他伸手掏钥匙却发现钥匙不在身上，开始变得有点惊慌失措。他可以看到那座自己要做演讲的大楼，却无法开动汽车并驶往那里。他的演讲时间已经过去了 5 分钟，他跑向办公室拿到钥匙，然后跑回来开车过去。那时他才意识到，他本可以步行走过这一段距离，这样要比跑回办公室拿钥匙要节省更多的时间。

三、压力状态的自我评估

压力影响着我们的思维，所以我们需要控制压力，在此之前，我们必须首先意识到自己处于压力之下。但是很多时候我们难以察觉自己所承受的压力强度，直到崩溃的边缘。由于压力的累积是无声无息的，以致我们对于它的程度估计不足。当你听到亲朋好友说：“你最近怎么啦？你已经不是你自己了。”你要想一想自己是不是身处压力之中。除了他人提醒之外，我们也可以掌握一些指标，进行自我观察。

下表中的迹象和症状在某种程度上可以显示出压力的存在，这个列表并不是全面的。这些症状你符合得越多，显示你所承受的压力就越大。尽管压力可能是这些症状的普遍原因，但也不能否认可能有其他原因存在。

压力迹象对照表

序号	认知迹象	情绪迹象	生理迹象	行为迹象
1	难以精力集中	沮丧	肠胃问题	不合群
2	糟糕的记忆	忧郁	无法感觉到放松	不宽容
3	偏执的想法	易激动	失眠	变相地攻击他人
4	自尊心差，丧失自信	发怒	疲乏	坐立不安（用铅笔敲打东西，腿来回抖动）
5	做噩梦	哭泣	无食欲	坏习惯增多（咬指甲、抽烟）
6	对某观点和想法先入为主的偏见		溃疡	面部或其他部位抽搐行为增加
7	持续地担心		皮疹	暴饮暴食
8			经常感冒	饮酒越来越多
9			头痛	
10			其他生理问题的恶化	
11			无性欲	

第二节　领导压力从哪里来？

每个人都有压力，但是并非每个人都能感觉到压力大得超出承受能力，往往是能力越强的人承受的压力越大；也并非每个超负荷工作的人都能说出自己的压力，有一些人就没有机会甚至没有“资格”说出压力。如若不信，看看团队里的领导者，从下往上看，他们得到了比下属更多的工作报偿、拥有更多的资源；从侧面看，他们通常拥有较高的社会地位和成就感。那么，这群人的压力来自哪里呢？

领导者的压力主要来自两个方面，其一是领导岗位以及领导职责所附带的压力，其二是领导者自己给自己施加的压力。

一、工作岗位附带的压力

所谓领导者，就是在队伍前面领路的人。在任何一种环境和任务中，走在最前面的人必然承受着最大的风、最高的浪、最急的雨、最恐怖的黑暗。他们既是探路者，也是领航者，压力不仅来自环境的挑战，还来自肩负的责任。

领导者要为团队的成败负责。领导者最大的工作是决策，因为拥有了决策的权力，也就不可避免地要承担起决策的结果。作为一名领导者，决策错误或者更准确地说是方向判断错误，是最大的过错，“引咎辞职”这个词就是为领导者们量身定做的。没有人能不犯错误，只能尽量少犯错误、避免致命错误。团队越大，领导的责任也就越大。作为领导者，于个人成败，或许能看得开；于团队存亡，却往往无法释怀。这样的压力是领导者无法回避的，如果成功了，那也是甜蜜的负担。

领导者要为团队成员的个人发展负责。有些领导者会犯一个毛病，就是替下属做事。因为他们嫌下属做得慢、犯的错误多，而忘记了自己曾经也是这样摸爬滚打过来的。没有人是天生的领导者，即使“空降部队”也有自己的成长历程。一名称职的领导者，要给下属成长的机会和空间。我们通常认为，如果自己手下的人没有长进，没有拿得出手的业绩，是领导的失职。所以，领导者负有培养、教育下属的不成文的责任，而培养一个人，特别是一个有用的人才，从来都不是一件容易的事，费力也费心。

领导者要为社会负责。每一个人都要为自己的行为负责，而领导者需要为一个团队的行为负责。我们生活在人与人、团体与团体相互影响的社会系统之中，一个团队的行为可能会对小到临近社区、大到整个社会产生影响。比如，美国人马克·扎克伯格带领他的团队为社会带来了Facebook，从而改变了亿万人的生活；中国的马云更厉害，创立了阿里巴巴，旗下的淘宝、支付宝正在深刻地参与并逐渐改变着中国社会的交往模式。当一个团队的领袖拥有了庞大的团队和巨大的影响力，会更加清晰地意识到自己的社会责任，希望自己的财富、才智以及影响力能够通过某种方式“让这个世界更加美好”。富人们设立的慈善基金会，地震等灾难发生后各大企业、社会团体的慈善捐款，都是社会责任的体现。反之，前些年出现的毒奶粉、地沟油事件之所以激起全社会巨大的愤怒和不安，就是因为肩负责任的人以及团队没有对社会负起责任。

二、自己给自己的压力

自己给自己的压力，主要源自上进心。别人能做好的事我怎么能做不好？别人一年就能做到的我怎么两年了还没做到？领导者作为人群中的少数派，处于人群中相对优势的位置，即使已经过了争强好胜的年纪，“面子”和自尊也难以容许自己有不如人之处、不如意之态展露人前。

领导者不能心情低落？一位乡镇书记坦承自己喜欢参加一些培训活动，除了充电之外，还可以得到放松、调整心情。因为在单位里是一把手，别人都会看领导的脸色行事，所以他每天上班都必须斗志昂扬，可以和蔼可亲，但不能松懈，更不能让人看到自己的沮丧、不满，甚至连愤怒都是有目的的表演。“当然这样的角色我已经习惯了，但总是这样还是会感到压力。”

领导者无人能理解？俗话说，屁股决定脑袋。这既是指一个人的处境和利益诉求决定了他的立场和出发点，同时也说明了一个人的位置、层次决定了他的眼界和思路，所以领导者有时会有身在高处的孤独感和无助感。下属所承受的压力，领导者完全能够了解；而领导者所承受的压力，又有几人能懂呢？

一个人能由普通员工走上领导岗位，必然是因为他有比其他人更出色的业绩和才能。一个出类拔萃的人总是会有更高的标准，这个标准不仅是用来评价别人的，更是用来评价自己的。从这个角度讲，领导者是一群很难被满足的人。高标准、严要求是工作进步的强大动力，也是自己对自己施加的持续的压力。只要有一件事情处理得不够好，就不能让自己放心地接纳，那么这工作会有多累？

"今天再大的事，到了明天就是小事；今年再大的事，到了明年就是故事。我们最多也就是个有故事的人。"这段话听起来很有道理，但是真正面对压力事件，我们很难如此释然。

人生就像蒲公英，看似自由，却身不由己。有些事，不是不在意，而是在意了又能怎样。自己全力以赴就好，人生没有如果，只有后果和结果。

第三节 压力与心理认知体验

一、对压力的误解

不管我们怎样否认或者避而不谈，压力似乎都已经成为我们生活中的一部分。虽然我们对压力并不陌生，但是许多人对于一些关于压力的基本概念仍存在错误的认识。

误解 1：压力对所有人的影响都是一样的

压力对每个人的影响各不相同。每个人都以各自的方式感受着压力，也以各自的方式对压力做出反应。例如，有的人会因为同样的工作任务而感到紧张和压力，而有的人可能非常适应，没有任何不良反应。

误解 2：压力总是对人有害

零压力并不是完美状态。适度的压力对人的身心健康是有利的。俗话说："井无压力不出油，钢无压力不成刀，人无压力轻飘飘。"适当的压力不仅可以带来奋进的动力，还可以帮助我们更好地掌控生活节奏、健康生活。压力对人而言，就像琴弦的张力对于钢琴，太大或者太小都无法达到最佳状态。压力对人的影响大小，关键在于是否清楚如何对压力进行管理。

误解 3：压力无处不在，所以我们对它无能为力

我们是可以有效地管理压力和解决问题的。先设立优先级，从简单或急需解决的问题开始入手，然后再处理那些复杂的问题。如果你没有对压力制订合适的计划，将问题按照轻重缓急进行排列，那么你确实会觉得无能为力。

误解 4：存在通用的减少压力的最佳方法

不存在通用的最有效的减少压力的方法或技术，尽管网络或媒体上某些文章声称他们有这种技术。每个人都是不同的，生活不同，所处环境不同，对压力的反应自然也不同。综合性的压力管理方案会有针对性地对个人制订计划，这样才可能较为有效。当然，从一些自助书籍中也能学到很多有用的压力管理技术，如果坚持使用也会很有帮助。

误解 5：没有压力反应就是没有压力

“你看起来很开心啊，不像压力很大的样子嘛”……没有明显的压力反应并不代表没有压力。有时候，某些人对压力的反应是内隐的或者多为心理反应，可能并不通过外在生理反应表现出来。虽然压力也有心理反应，但我们大部分都是通过生理反应来感知压力的，感到焦虑、呼吸困难、心慌，都可能是压力的生理反应。而压力的心理反应则会感觉不堪重负、思维混乱以及难以集中注意力。

误解 6：只有重要的压力反应才值得重视

这一误解假设存在“次要”的压力反应，如头疼、肠胃不适等。事实上，这些可能不够典型的反应是身体对于压力的早期预警，提醒人们需要重视当前的压力并对其进行管理。如果忽略这些压力反应，直到出现一些“重要”的反应（如心脏病发作），那就太晚了。这些早期的压力信号需要及早得到重视。应该及时改变生活方式（多运动）、正视压力并针对问题制订解决方案。

二、压力对健康的影响取决于你自己

你现在压力大吗？你认为现在承受的压力会影响你的健康吗？你害怕因压力太大而对自己的健康有所影响吗？

我们常常能看到一些关于压力的消极影响的新闻，上文也提到有研究表明许多疾病，如高血压、心脏病、消化系统疾病，以及各种恶性肿瘤疾病都与压力水平高度相关。压力太大确实对健康有害。但是心理学家在对压力的研究中却又得出一些有趣的结论。

比如，在一项研究中，研究者调查了将近 2.9 万位成年参与者，问了他们两个关于压力的问题：你去年经历了多大的压力？你认为压力对你的健康有害吗？

八年后，研究人员检查了这些参与者的死亡率是否会受到压力的影响。他们发现，处于高压下的参与者死亡的可能性更大。具体来说，处于高压下并且认为压力对健康有害的人，他们过早死亡的可能性比其他人大43%。有趣的是，同样受到高水平的压力但并不认为压力是有害的参与者，在所有参与者中死亡的风险最低，甚至低于那些处于低水平压力下的人。

这项研究表明，你如何看待压力和你实际经受的压力一样重要。压力管理最好的方法就是调整你对压力的心态。

在任何时候，你所拥有的心态在很大程度上会影响你的判断、健康和行为。很多研究事例证实了这个观点：酒店房间的服务员如果将工作当作运动，那么他们的血压、身体质量指数（BMI）和腰臀比都有明显的下降（身材更好、更健康）；消极看待“变老”的人不太可能会做一些有益的行为（如锻炼、注意饮食）；那些认为奶昔是好喝的高卡路里饮料的人与那些认为奶昔是健康的低卡路里饮料的人相比，喝奶昔的时候更容易饱（实验中可以看到他们的饥饿诱导激素急剧下降）。

压力也是如此。当人们认为他们有足够的资源来应对压力时，他们会将压力看成挑战。挑战性的反应通常与积极的心理和生理结果相联系。在一项研究中，研究者要求参与者重新积极看待压力，认为压力是有帮助的，那么他们便能回忆起更多可用的资源，并且生理反应也回到了正常的状态。相反，当人们察觉到他们缺乏资源来应对压力时，他们会体验到一种威胁感。这种威胁感可能会短期损害决策能力，并且与长期的脑老化、认知功能下降以及心血管疾病有关。

所以当我们处于高压下时，我们要做的不是减少压力或者完全消除它，这两者都几乎是不可能的；相反，我们的目标是重塑对压力的看法。

以下策略可以帮助我们实现这个目标。

1. 创造比自我更大的目标

一个比自我更大的目标更多是指你如何看待自己在团队中的角色——你想做出什么贡献？你想怎样发挥影响力？研究表明，当人们与这样的目标相联系时，他们更有希望，好奇心更强，充满了感激和鼓舞，同时他们也表现出更高的幸福感和生活满意度。

2. 树立“压力有益”的心态

压力心态源自一种压力会导致积极或消极后果的信念，这一信念会强烈影响人的心理、生理和行为的结果。虽然慢性压力对健康不好，但有些压力也会帮助提升免疫力，使身体恢复健康。研究表明，那些具备“压力有益”心态的人可能更积极地去寻求反馈，并在应激时释放出更多的皮质醇，使其能够在压力下维持正常的身体机能。

3. 帮助别人

你的压力反应其实是在推动着你与其他人产生联系。帮助行为是缓冲压力的一种方法，帮助别人可以作为一个极好的预测健康和幸福感的因素（比“社会参与”或“获得的社会支持”这样的指标更好）。助人行为会显著提高你的自我评价，心态上更加自信了，对压力的主观感知也就小了。

综上所述，压力并不可怕，可怕的是我们对压力的看法。所以当我们处于高压下时，想一想压力会给我们带来什么好处，我们又如何将压力带来的威胁转化为挑战和机遇。

第四节　缓解压力之法

一、价值权衡放得下

领导者最放不下的是什么？权力，金钱，还是面子？可能都有，但都比较片面。身处领导岗位，最难放下的大概就是影响力了。影响力是人存活于世的价值所在，也是有些官员自认清廉却汲汲于官位升迁、有些企业家自诩节俭却喜欢炫富的根源。

习近平主席在一篇《习近平：我是如何跨入政界的》的专访（载于2000年第7期《中华儿女杂志》）中指出："在从政的整个过程之中，不要把个人的发展、升迁作为志在必得的东西。只有你将机遇和成功的要素集于一身的时候，你的追求才有可能实现，这是很难的。如果你主动去追求，终生不得志，将会很失望、很痛苦的！这就要对升迁问题怀有平常心，像古人管子所说的那样，'不为不可成，不求不可得，不处不可久，不行不可复'。"

积极的人生需要学会做减法。对于不可成、不可得、不可久或不可复的事物，要看透、看轻。否则，就会自寻烦恼，自己给自己套上枷锁。如果一个人内心有太多的欲望、得失和放不下，自然处处受其牵累。王阳明在《传习录》中说："吾辈用功，只求日减，不求日增。减得一分人欲，便是复得一分天理，何等轻快洒脱，何等简易。"古希腊哲学家艾皮科蒂塔说，一个人生活中的快乐，应该来自尽可能减少对外来事物的依赖。人越努力就应该越通透，减少对身外之物的欲望，回归自己的本心，就会活得轻松洒脱，面对什么样的生活状况都可以使之变得简单而容易。

有个年轻人在去一座禅院的路上看到了一件有趣的事，他打算以此考考禅院里的老禅者。来到禅院后，二人坐下喝茶，他冷不防地问了一句：“什么是团团转？”老禅者立即回答：“皆因绳未断。”

后生大吃一惊，认为老禅者未卜先知。老禅者就问：“什么使你如此惊讶？”

后生说：“您居然有神仙之术，我今天在来的路上，看到一头牛被绳子穿了鼻子，拴在树上，这头牛想离开这棵树去草地上吃草，谁知它转来转去都不得脱身。我以为师父既然没看见，肯定答不出来，哪知师父出口就答对了。”

老禅者微笑着说：“我根本不知道你看到了这件事，你问的是事，我答的是理，你问的是牛被绳缚而不得解脱，我答的是心被欲望纠缠而不得超脱。现在，我知道了这件事，那就以这件事做个总结吧。其实，众生就像那头牛一样，被许多烦恼痛苦的绳子缠缚着，生生死死不得解脱。如果那头牛没有绳子牵缠，一定会很快乐。所以，减少那根绳子，就是减少了欲望的纠缠，就能快乐洒脱。”

可惜在实际生活中，大多数人都和那头牛一样，喜欢在鼻子上拴上一根欲望之绳，我们以为这是追求，其实那只是内心不能得到满足的欲望。

追求美好愿景的过程可以是快乐的，但是过度执着于结果的贪欲却会带来难以承受的压力与痛苦。梁晓声在其著作《中国生存启示录》中写道：“一种人生的真相是——无论世界上的行业丰富到何种程度，机遇又多到何种程度，我们每一个人比较能做好的事情，永远也就那么几种而已。有时，仅仅一种而已。所以即使年轻着，也须善于领悟减法人生的真谛：将那些干扰我们心思的事情，一而再，再而三地从我们人生的‘节目单’上减去、减去、再减去。于是令我们人生的‘节目单’内容简明清晰；于是使我们比较能做好的事情凸显出来。所谓人生的价值，只不过是要认认真真、无怨无悔地去做最适合自己的事情而已。”

领导者不是万能的，也并不一定是全能型人才。每个领导者都会经历属于自己的成长过程，有失也有得。对于领导者而言，方向比得失更加重要。所以，简化人生的“节目单”，减去繁杂的欲望，不忘初心，才能不断前进。

二、视野宽广想得通

一个小和尚负责清扫寺院里的落叶，每天要用很长时间才能扫完。有人对他说：“你打扫前用力摇树，把落叶统统摇下来，明天就不用打扫了。”小和尚觉得很对，就高兴地照办了，可第二天院子里又如往日一样满地落叶。无论你今天怎么用力，明天的落叶还是会飘下来。

所以，我们要活在当下。

在心理咨询中心，所有来访者都希望通过咨询能改变自己，而其中绝大多数人都会遇到同一个问题，就是太想在短期内看到改变。这样的想法可以理解，因为每一个下定决心求助于心理咨询师的人都正在承受着巨大的痛苦，哪怕是很小的一点点改变也可以为后续的努力提供动力。但大部分人很难意识到或者真正接受的一点就是，他们必须为之前的懈怠埋单，而且在完全承担这部分责任之前，他们的改造行动很难有什么实质性的突破。

我们一定有过这样的同学，大学三年都用来玩电脑、睡懒觉，大四时突然决定要好好读书、考研究生。当他打开书本，面对的不仅仅是这三年懈怠遗留下来的落后，一定还有对这三年时间白白浪费的悔恨和自责。就读书而言，他必须通过旷日持久的努力将前面的空缺补上，才能有新的建树，而且这建树会比周围那些三年以来一直按部就班努力的人来得晚、来得艰难，甚至来不及。他必须在很长一段时期里放弃自己以往的成就感的来源（如电脑游戏、微博粉丝数量等）来适应新的模式，并且长期得不到新模式所给予的回报。而这种对长期决策的执行力和忍耐力，往往又是惯于追求短期回报的人所不擅长的。

很多人都曾经或正在面临着这种疲于偿还旧债、缺少现时激励的困境。要摆脱这样的困境，需要树立一种对自己的生活负责的意识。经营自己的生活就像经营一家小企业，每一天的盈亏成败都由自己的言行来控制，由自己的意识来全权决定，由自己的未来无可商议地全部埋单。经营自己的生活不仅要经受住以往自我放逐带来的损失，更要在一团乱麻的生活中开辟出一个具有长线增长的新模式。这样的生活自然不会是轻松的，但是这才是常态：每个人都有许许多多的缺点，各种各样不懂事的黑历史，所以生活总是磕磕绊绊，所以总是想要改造自己。改造自己、改造生活的过程是漫长而痛苦的，很多事情唯有在苦痛之中才能面对、才能想通。

南怀瑾曾经这样总结人生的最高境界：“佛为心，道为骨，儒为表，大度看世界；技在手，能在身，思在脑，从容过生活。三千年读史，不外功名利禄；九万里悟道，终归诗酒田园。”

我们只是时间的过客，总有一天，我们会和所有的一切永别。深知这一点的人就会懂得，无所谓失去，那只是经过而已；亦无所谓得到，而只是体验罢了。

三、创意活动欢乐多

最新研究显示，从事艺术、创意相关的活动能够有效降低代表躯体压力水平的激素浓度。

研究者招募了各个年龄层的被试若干名，他们此前的艺术水平、相关经验各不相同，然后让所有被试进行了一场大约 45 分钟的艺术创作活动。

实验前后，研究者都对被试的唾液皮质醇浓度进行了测量。实验中没有给被试任何提示，仅仅为他们提供材料（橡皮泥、剪纸、水彩笔等），让他们自由创作。结果显示，超过 75% 的被试皮质醇水平显著降低。同时，研究者还对被试进行了访谈："在这一过程中非常放松。大约开始 5 分钟后，焦虑感就降低很多了，我开始不去想那些今天还没完成的工作。整个过程中我感觉很专注，很享受。"

当然，实验结果显示，只有 75%的被试得到了预期相符的结果，而另外 25% 的被试则出现了与预期完全相反的现象。对此，研究者做出如下解释："机体内部维持一定量的皮质醇浓度是维持其基本功能的关键。我们知道激素水平与节律相关，早晨皮质醇浓度较高，夜间较低，所以我们总能在早晨醒来感觉充满干劲。也许部分被试认为实验不是在放松，而继续将工作中的紧张感带入其中，像在完成一项任务似的。"

"更重要的是，你的绘画或作品水平的高低并不影响最终的结果，即所有人都可以通过这些活动来减压！"这样的研究结论无疑具有轰动效应：绘画从一项特长真真正正地变回了单纯的兴趣，每个人都成为自己的色彩"大师"。

近年来十分火爆的涂色减压游戏"秘密花园"就是利用了这个原理。虽然有着相同的地板，但是每一幅画作都是独一无二的，而且都是美的，因它独属于你。所有的色彩都可以任性地搭配，只要你喜欢，画作完成的时候，自我价值感油然而生。绘画疗法的要义就在于，接纳自己，肯定自己，哪怕在他人评判标准下得分不高，也无须妄自菲薄，要学会自己发现自己的好。

四、运动健身心情好

想象一下，如果你在野外遇到了危险，比如遇到一只熊，这时你的大脑马上就会激发"战斗或逃跑"的反应，你的身体会有一种好像喝了一罐红牛的感觉，血管里涌过一股浪潮。这其实是你身体里的肾上腺素和皮质醇在起作用，肾上腺素像咖啡因一样能提升你的能量，而皮质醇则可以让你身体里储存的糖分迅速分解，作用于逃跑或者战斗。这个时候，如果顺其自然地让肾上腺素和皮质醇发挥作用，就可以疏解焦虑引发的压力感了。也就是说，当你感到压力时，逃跑或者战斗的身体行为消耗了因为压力而增加的肾上腺素和糖分，从而释放了这一压力。

我们的身体有自然的减压方式——运动。可惜现代生活中，我们很多时候不能做到一有压力就马上通过身体耗能来减压。比如早上上班被堵在路上，看着时间一分一秒过去，全勤奖好像长了腿正在毫不留情地跑掉，心中的焦虑却无从释放，久而久之就得了所谓的“路怒症”。同样，如果正在开会上级领导讲话时收到了一条令人气愤的信息，任肾上腺素如何激增，我们也必须镇静地坐着，哪怕要质问或骂人也至少熬到上级领导讲话结束才能出去打电话。

当我们身体内的肾上腺素和糖分增加，而身体却不动时，我们就会感到焦虑、恐慌，身体反应就是心跳加快、血压升高。长期生活在慢性压力下，身体上容易出现免疫系统疾病、糖尿病、心血管疾病等，心理上也可能会引发焦虑、抑郁等情绪问题。

反过来讲，运动可以预防或改善上述身体和心理疾病的发生，经常锻炼会帮助我们消耗身体中这些在应激下释放的激素和糖分，从而释放慢性压力反应。很多证据都表明，运动对于缓解抑郁和焦虑非常有效，其根本原理与一些抗抑郁药物类似，这两种情绪下应激激素的分泌量都很高，药物可以调控激素的分泌，运动可以消耗掉多余的激素。

有些研究专门比较了运动和药物对于抑郁症的治疗效果。比如有研究对比了运动和抗抑郁药物左洛复在 156 名成人中的疗效，发现运动比药物起效更慢，但是长期来看运动对抑郁的疗效不比药物差，并且运动组的抑郁症患者的复发率（8%）比药物组明显要低（31%）。另一项研究观察了50岁以上的抑郁症患者，同样让一部分患者单纯采用药物治疗，一部分坚持运动（不吃药），结果也发现药物起效很快，但是在大约16周之后，运动的效果就赶上了药物。当然，在治疗焦虑时采用药物配合运动的治疗方式，效果更快也更持久。

运动对于我们的大脑以及身体的应激系统有明显的保护作用。研究表明，高水平的应激激素皮质醇会对大脑有损伤，尤其是主管我们记忆和情感的海马区（形状像海马）。该实验发现，当血液中皮质醇含量过高时，海马区将萎缩，变得越来越小，相应的记忆能力和情绪敏感性也会受到影响。有些长期处于高压之下神经衰弱的人，记忆力会下降，就与此相关。

一些动物研究表明，运动可以帮助我们对抗这种萎缩。运动有助于产生新的脑细胞，并且在我们反应过激的时候使我们冷静下来。近来一项关于小鼠的研究表明，运动不仅会使我们产生新的神经细胞，还有助于产生更多的脑细胞，释放一些有助于镇静的神经递质，这种神经递质在病人服用抗焦虑药物时也会大量产生。

那么什么样的运动比较好呢？我们看到市面上一些“宣泄室”里提供了沙袋和拳击装备已有研究表明，几乎各种形式的运动都有助于缓解压力、对健康有益。当然在制订运动计划的时候，可以尽量选择你觉得有趣的运动，慢慢开始，并且在天气好的时候多去户外，在自然中你更加能体会到运动本身的乐趣，也更能找到坚持的动力。

运动是最健康、最长效的抗焦虑和抑郁“药”，每天运动半个小时至一个小时，坚持半年就可以看到明显的效果，常年运动可以塑造一个崭新的自己。

【扩展阅读】为什么有的运动员能够“遇强则强”，有的则容易“发挥失常”？

这个现象并不新鲜。有些运动员会因为劲敌的出现而提高自身唤醒水平（也就是说进入更加兴奋状态），达到“遇强则强”的效果，而有一些运动员则会因为思想负担的加重而无法集中精神，导致“临阵失常”。从认知心理学与社会心理学的角度，与“遇强则强”/“临阵失常”现象相关的理论有两点：一是叶克斯－多德森定律（Yerkes–Dodson Law），二是运动竞技中选手间的相互影响。

我们先简单介绍叶克斯－多德森定律。难度、压力、唤醒水平与表现水平之间的关系，是实验心理学家们非常关心的问题。一百年前，心理学家叶克斯和多德森就通过实验求证归纳出压力与成绩之间存在着一种倒U形关系：适度的压力水平能够使表现水平达到顶峰状态，过小或过大的压力都会使表现水平降低。

具体的最佳唤醒水平因项目而异，也因人而异，比如射击、射箭等需要高稳定性、高强度注意力的项目。理论上说处于低生理唤醒有助于发挥，可以通过放松、调整呼吸频率等方法降低生理唤醒，比如游泳、短跑等需要更多爆发力的项目。如果运动员能够自我调节到高生理唤醒，对比赛会有所帮助，可以通过热身、音乐和假想等方法提高生理唤醒。

再来看看运动竞技中选手间的相互影响。不知您有没有注意过，当对手出现失误的时候，选手紧接着也很容易发生一些莫名其妙的失误。比如排球赛中一方发球落网后，另一方也可能出现发球落网的失误。

统计数据也证实，选手与对手发挥水平之间存在非常高的相关性。这个相关可能是正相关（也就是“遇强则强”），也可能是负相关（也就是“临阵失常”）。这个观点的雏形在2016年的一篇《美国科学学院院报》（PNAS）文章中有所表露，作者是哈佛大学心理学系视觉研究大咖肯·中山（Ken Nakayama）教授。不难理解，运动员比赛中的运动模仿以及广义的行为模仿，会深入到其社会交往的方方面面。从神经科学的角度说，模仿这种行为主要是由我们脑中的镜像神经元系统参与的。而这种模仿恰恰是具有进化意义并在生活和社交中不断强化的能力，即使在竞争性极强的竞技运动中也难以幸免。换句话说，如果想要降低因对方失误而造成自己的失误，则需要在比赛中抑制行为模仿的本能。

（摘自知乎论坛“知乎圆桌”讨论栏目，原作者 This Is Not Tina）

五、黑暗之中找到光

很多时候，人们对于一些重要而又影响深远的压力事件是无法抗拒的，正如黑夜总会来临，谁也不可能永远活在阳光照耀下，掌握较多资源和权力的领导干部也不例外。只要有念想，就会有失落。上面列举的所有排解压力的方法，都是在教我们如何在黑夜来临时不过分恐慌。经历黑暗是为了更好地成长，体验黑暗是为了找到光。

在尼日利亚出生的小说家克瑞斯·阿巴尼早年曾参与尼日利亚学生运动，几度入狱，他14岁的狱友被钉在椅子上慢慢流血致死。阿巴尼的母亲在战乱时期，一个人拖着五个饿得面黄肌瘦的孩子，在难民营中与士兵周旋，以避免9岁的孩子被拉去当童子兵。在他生活的村子里，女人们唱着以逝者名字编成的悲伤的挽歌播种，好像将逝者的心随着种子耕入土地；而在收获的季节，女人们则唱起由新生孩子的名字组成的欢快歌谣，逝者的名字随着新生儿的数量逐年抵消。通过这种方式，村子里的女人发生了美丽的转变。

克瑞斯·阿巴尼在TED国际会议的演讲中说："我永远不会忘记生命中的黑暗时光，因为人生中的黑暗永远比人生中的光明更加动人！因为黑暗让我们更加了解自己的内心。"

2016年的里约奥运会，31岁的美国游泳名将菲尔普斯在收获了个人职业生涯的第二十一枚奥运会金牌后宣布退役。他是奥运游泳项目中获得单项金牌年龄最大的运动员，也是整个奥运会历史上最成功的运动员之一。出征里约前，运动品牌安德玛为他量身定制了一支主题为Rule Yourself的奥运广告，时长一分半钟的广告由一条幽暗深邃的泳道徐徐展开，画面中后院泳池飘零的落叶，看起来漫无边际的赛道，菲尔普斯独自一人沉入黑暗的池底……

在光芒四射的2008年北京奥运会后，菲尔普斯走入了自己的黑夜，酒驾、超速、禁赛，负面状况接踵而至。"我让自己陷入了失望的恶性循环……那个时候我觉得我处于人生之中的最低点，我甚至觉得我自己没有希望再看到另外一天的太阳了，想要结束生命。"

幸好他没有。在黑暗中困苦挣扎之后，菲尔普斯主动选择了改变。"我想我的人生需要一些东西来改变一下了……我确实发生了一些变化……凡是可以把握得住的东西，我会拿出百分之百的努力和能量。"安德玛的广告短片通过还原菲尔普斯私底下艰苦的训练，来展现"Rule Yourself"的主题。在聚光灯照不到的地方，菲尔普斯坚持运动健身，淋冰浴，均衡营养膳食；也会被教练责骂怒吼，夜里辗转不眠，甚至还尝试过中国传统的拔火罐疗法。

同样作为他人眼中的成功者，体育巨星光鲜的背后所付出的持久努力、所承受的压力苦闷，领导干部比普通人更能感同身受。他说："我已经有十年时间没有像现在这样训练有素了。"但是他跟普通人不同的是，十年之后，还是凭借无比坚定的信念和毅力重新回归训练。

最后，让我们用菲尔普斯的广告词共勉，“It’s what you do in the dark that puts you in the light”，正是那些黑暗中的苦难经历才使你得以站在聚光灯的辉煌之下。

CHAPTER 04

第四章

情商与沟通协调

有这样一道情商测试题目：宝玉给袭人留的点心被奶妈吃掉，宝玉很生气，袭人要怎么做才能减轻宝玉的怒气？

看看袭人的反应。袭人忙笑道："原来是留的这个，多谢费心。前儿我吃的时候好吃，吃过了却肚子疼，足闹得吐了才好。他吃了倒好，搁在这里倒白糟蹋了。我只想风干栗子吃，你替我剥栗子，我去铺床。"袭人是不识字的，王熙凤也是文盲。所以要说文化对情商的影响，不是看那一纸文凭，而是在家庭与社会中受到的教养、熏陶和塑造。

有个笑话，说唐僧是个细心的人，他在整理孙悟空的内裤时发现有个洞，于是就耐心地缝了起来；第二天发现又有个洞，于是又补了起来；第三天依旧还是有个洞，正当他拿起针线时，猴哥过来，一脚踹飞了唐僧，咆哮着说："你告诉我，尾巴搁哪儿？搁哪儿？搁哪儿？"

有时你的默默付出，实际上并不是所有人都能接受或者需要的。所以，沟通真的很重要。

第一节　你是会沟通的领导吗？

人与人之间，最基本的交流就是沟通，如何与别人沟通，如何与不同性格、不同地位的人沟通，如何让别人愿意与你沟通，这是一门很深的学问。

无论是在官场上，还是在其他任何场合下，与人沟通都是必不可少的。那么如何有效地与别人沟通呢？

一、人际沟通的基本规律

实现高效沟通，需要掌握三方面：沟通内容、沟通风格、沟通状态，三者共同发挥作用。沟通内容即你想要传达的所有信息的综合。沟通风格即沟通过程中起到辅助和补充作用的身体语言。沟通状态指的是你说话时内心的感觉，它是沟通内容和风格的驱动因素，是沟通中最有益但也是最容易被忽视的部分。

你内心的感觉（状态）要比你说出来的语言更重要。高效沟通的人会调整自己的身体状态和内心感知，使其与特定的沟通氛围相一致。

沟通对象大概可以分为八种人，针对他们的特点，我们需要调整自己的沟通内容和沟通风格。

◎对沉默寡言的人：有一句说句，一字千金。

◎对喜欢炫耀的人：赞美不少于10次，对他喜欢炫耀的内容仔细聆听，千万不要打断他，要因势利导。

◎对令人讨厌的人：不卑不亢，肯定他的优点，对症下药。

◎对优柔寡断的人：多用肯定性的语言，替他下决心，引导他做出判断，站在对方的立场考虑。

◎对知识渊博的人：真诚地聆听、赞美、不放弃，最后引导。

◎对讨价还价的人：要口头妥协，满足其心理。

◎对慢郎中式的人：配合他的步调，因势利导。

◎对性格急的人：说话简洁、明了、清晰、准确、不拖泥带水，几句话切中要害。

总之，对于不同的沟通对象，要尽可能地了解对方的脾气、习惯，对人际差异要扬长避短。

二、有效沟通的技巧

研究发现，在我们通常的人际沟通中，只有 5% 是靠口头语言，剩下的 95% 靠的是形体语言（服装、语气、声调、口形、站姿、坐姿等）。这提示我们，在沟通过程中，要注意观察、接收对方的身体语言信号。

有效的沟通通常从赞美开始（见什么人说什么话，见风使舵，树立个人形象），要入乡随俗，根据场景调整沟通态度和策略。在沟通过程中，要尽量扩大与对方之间的相似性，引发共同的情感体验，拉近情感距离。也可以使用一些幽默语言和歇后语，引起对方兴趣。

1. 赞美

（1）赞美人应具备的素质

①发自内心，准确洞悉他人心理 。

②善于发现对方渴求什么、忌讳什么，找到其闪光点 。

③宽广的胸怀，不计较个人恩怨得失，实事求是地承认和赞美别人。

④较强的自信心、勇气，通过赞美别人，鞭策、鼓励、提高自己 。

⑤有远见卓识，让你的赞美经得住时间的考验，并为别人所赞赏。

⑥有良好的口才，有声有色、准确无误地进行赞美、鼓励，完美地表达出你的判断。

（2）赞美要因人而异

①领导赞美下属要以事实为依据：a. 公正；b. 放下架子；c. 躬（亲眼、亲查、亲看）；恒（了解下属成绩）；明（了如指掌）。

②赞美领导：要向你的领导推荐自己，赞美领导的同时表达自己与领导相统一的经验、认识、观点。

③赞美事业有成的人 ：a. 赞美他们的人格和精神 。b. 赞美他们独特的本领和创新。c. 赞美他们的个人爱好 。d. 赞美他们的家庭，成功人士所拥有的一定是和睦的家庭。 e. 赞美他们的妻子或丈夫和孩子 。

④赞美女人：容貌、修养、善解人意 。

⑤赞美陌生人：a. 说年龄降三岁；b. 说职位升三级；c. 赞美其衣服；d. 赞美其容貌以及会修饰自己；e. 赞美其修养。

⑥赞美自己的丈夫或妻子，适度装糊涂（你敬我一尺，我敬你一丈）。

与男人沟通，不要忘了他的面子；与女人沟通，不要忘了她的情绪；与上级沟通，不要忘了他的地位；与老人沟通，不要忘了他的自尊；与年轻人沟通，不要忘了他的直接；与儿童沟通，不要忘了他的天真。

2. 用心

上面讲了这么多技巧，实质上都是一种参照，给自己提个醒。真正的沟通，是心与心的交流、信任、互动。单靠技巧，无法实现深度的有效沟通。

想一想，别人为什么愿意跟你相处？或者为什么不愿意跟你相处？仅仅因为你“会说话”吗？无论有多大官职、多少权威，大家都愿意跟一种人相处，他们确实“会说话”，讲出来的话让人有所收获，或者让人觉得舒服，而且是出于真心。要想成为这样的人，可以从下面七个方面来考量：

第一，有德。对人真诚，为人厚道，心地善良，有礼貌，有爱心，话说做事有道德底线，让他人觉得放心。

第二，有用。能带给他人实际价值。

第三，有料。与你相处能打开眼界、放大格局。

第四，有量。能尊重不同的立场，倾听他人的想法，并发表有价值的见解。

第五，有容。能看到每一个人存在的价值，接纳他人的棱角，欣赏他人的优点。

第六，有趣。能发现平凡中的欣喜、困境中的美好，带给他人愉快的心情。

第七，有心。能留意细节，有针对性地关心体贴他人。

三、看透不说透

看透不说透，对普通人来说是深沉，对领导来说则是与下属沟通必要的技巧，能够帮助下属领悟成长。聪明的领导，能够通过点拨让下属向正确的方向成长，又能够通过放手，给下属充分的自主成长空间，同时也为自己与下属的关系留有回旋的空间。

什么是看透？看透就是看清楚、看明白、看轻看淡，这是一个逐渐深入又逐渐抽离的过程。其实大部分人都具备这一本领，差别只在阅历的多少。看透不是用眼睛，而是用心，不只是看到了什么听到了什么，而是实实在在发生了什么。时间或长或短，真相总会像风干的肉条，最后露出干巴巴的本质。看透是接受事物的本质，然后用自己的方式消化掉。 聪明的人，从来都是看透却不轻易说透。看透一切，但依然热爱生活，这才是一个人最大的修养。

对于工作、感情和生活来说，都是如此。如果在工作中遇到不公平的事、不喜欢的人，可以说，但不要掺杂情绪、说得太透；如果对身边的爱人感到不那么称心如意，可以说，但不要把所有前仇旧恨都晾晒出来，互相伤害；如果现在的生活不那么令人开心，可以说，但不要沿着错误的方向越说越远，更重要的是学会反思自身，转变态度。

老人说，我们花了两年时间学会了说话，却要花六十年时间来学会闭嘴。大多数时候，我们说得越多，彼此的距离反而越远，矛盾也越多。在沟通中，大多数人总是急于表达自己，一吐为快，却忘了站在对方立场想一想，他是不是能够接受自己表达的内容。懂与不懂，不多说；心乱心静，慢慢说；若真没话，就别说。在这个世界上，我们既要有火眼金睛的本事，也要有润物无声的艺术。

第二节　人际沟通中的情感卷入

人与人之间，从陌生到熟悉，从熟悉到亲切，从亲切到彼此重要，是一个在沟通中逐渐发展的过程。沟通不仅是指多说或多听，由量变到质变的关键是沟通双方情感的卷入。

一、开启友情：非主动接触

20 世纪 50 年代，美国社会心理学家亚当斯（J. S. Adams）根据一系列研究结果提出，开启一段友情需要三个条件：一是接近性，指物理上的接近；二是反复的、无计划性的互动，你们要有经常接触的机会；三是有能够鼓励人们放下防备、对彼此吐露真心的环境。

其中，接近性和互动使你们得以熟识，自我暴露、对彼此吐露真心则使你们从熟人变成朋友。

1950年，著名社会心理学家费斯廷格（Festinger）做了一系列相关研究。他认为，无论是在人生的哪个阶段，大量的“非主动接触”都是一段友情得以开始的关键。它是指一些人自然地反复在你身边出现，如同学、同事、邻居等。

心理学中也用“多看效应”来形容这种现象。多看效应是指，单纯的反复暴露会影响你对被暴露物的印象。实验表明，如果个体一开始对于被暴露物的印象是正面或者中立的，反复暴露就会增强个体对被暴露物的好感。而如果个体一开始对于被暴露物的印象就是负面的，反复暴露则会增强个体对被暴露物的反感。

没有特殊印象的陌生人，一旦反复在我们面前出现，我们对其好感程度就会超过那些不经常出现的人。这是非主动接触会促使友情开始的原因。

成年以后，我们可能不像小学、中学阶段那样，与身边的人有长期、持续且频繁的互动；工作以后，如果经常离职，与同事的关系就不容易真的走得很近。因此，对于成年人来说，更可能的交友场所是所在社区，或者参加健身课程、俱乐部活动。

二、友情真正开始建立的关键：自我暴露

当两个人由于接近性和大量的互动而开始熟识后，他们还算不上“朋友”，而只是“熟人”。从熟人关系走向友谊的关键，是自我暴露。

“从熟人变成朋友的一个典型特征，就是自我暴露的广度和深度的增加。”加拿大温尼伯大学的费尔（Beverley Fehr）教授表示。这个过程往往

是这样的：当你们保持经常见面的习惯后，有一方会先冒着暴露个人信息的危险，去“测试”对方是否会有相应的回应。如果双方都愿意进行自我暴露，这就像一把打开友情的钥匙。

在青春期，朋友间的自我暴露是非常迅速和猛烈的，但在成年人的世界里，想要交到真正的朋友，自我暴露并不是越快越好，深度和速度都需要适度。纽约州立大学石溪分校心理学教授阿伦（Arthur Aron）试验了如何能在 45 分钟的时间内使人们达到“人际上的亲密”。他发现，发展出友情的关键是循序渐进地暴露私人信息，也就是说，随着沟通内容的丰富和深入，自然而然地展露自己。“分享需要适度，过度分享会被认为是片面的、压倒性的、不恰当的社交。”我们可以在侃侃而谈的时候，留意观察一下对方的反应，发现对方有些紧张、不安，或者不知道如何接话，说明对方可能还没有准备好更深入地了解你。

阿伦试验了多种沟通模型，最终开发出了一个在短时间内最容易交到朋友的问题模型，其中包括 3 组问题，每组 12 个。第一组问题是带一点私人性质的，比如：“在打电话之前，你会预先练习将要说出的话吗？”“你上一次对自己唱歌是什么时候？”等；第二组则更私人，比如：“你最恐怖的记忆是什么？”“有什么事情是你一直以来梦想做的吗？为什么你还没有做它？”等；第三组则是最为私人的，比如：“你上一次在其他人面前哭是什么时候？”“在你的家庭中，谁的去世会让你最难过？”等。通过这些问题引发循序渐进的自我暴露，最容易使人们打开心扉，成为朋友。

三、维持长久的友情：懂得如何付出与索取

当你开始与另一个人建立起友情时，接下来需要面对的则是对友情的维持。

1995 年，费尔教授发表了《友谊进程》一书，分析了友情在成年早

期的发展过程。她的研究认为，当成年人的友情进入维持阶段时，我们不再需要物理上的接近和反复的互动，搬家、异地都不是一份长久友情的障碍，朋友的“实用性”也几乎起不到什么作用。“实用性”指的是作为朋友能够带给你的实际帮助，比如借钱、借车给你，或者帮你办一件事。这些对于维持友情来说都无足轻重。

费尔发现，维持友情的关键是：建立一种成熟的、直觉性的理解，去给予和索取亲密感。

“那些面对另一方的自我暴露时，明白该说什么话去回应的人，会拥有更稳定、更令人满意的友谊。”费尔说，从成年早期开始，在友情的维持中，长久的朋友是那些愿意随时提供帮助，但却很少逾越界限的人——他知道如何表达接纳、忠诚和无条件的支持，什么时候帮你带一份早点，什么时候给你一个拥抱。相反，那些总是自以为善意地对我们的衣服、发型甚至伴侣评头论足的人，往往逾越了人际交往舒适的界限，很难与人结为长久的朋友，不是心意不足，实在是情商不够。

四、成为最亲密的朋友：支持彼此的社会认同

如前文所说，朋友也分为很多类型，在所有的朋友中，只有很少一部分会成为我们的密友，生活中的闺密或哥们儿几乎是我们最亲密的人，对彼此的期望是超越了一般朋友的职责的。

在成年人最亲密的朋友之间，联系他们的纽带又是什么呢？2005 年，社会心理学教授薇姿（Carolyn Weisz）和伍德（Lisa F. Wood）研究发现，成年人之间成为密友的关键是“支持彼此的社会认同”。

社会认同，是由心理学家泰斐尔（Henry Tajfel）在 20 世纪 70 年代和 80 年代提出的概念，它指的是：“个体认识到他属于特定的社会群体，同时也认识到作为群体成员带给他的情感和价值意义。”社会认同可能是源

于共同的宗教信仰、兴趣小组、特殊经历群体（如六七十年代的知青、近些年的留学）等原因，与一个人的籍贯、身高体重等外在属性无关，但是如果籍贯或体重对你而言是敏感话题，即你对此有情结 / 心结，那么社会认同也可以源于这些因素，比如老乡、胖子等。

支持彼此的社会认同，指的是认可和支持对方对自己的社会认同——你了解他认为自己属于哪些社会群体，你了解作为这些群体成员带给他的情感和价值意义，同时你认可和支持这一切。

薇姿教授对大学一年级新生的四年大学生涯做了跟踪调查，重点研究友情持续时间、亲密程度与三个变量的关系：接近性、联络频率以及支持对方的社会认同的程度。结果发现，接近性、联络频率和社会认同支持这三个因素都能够预测友情的持续时间，即两个人越接近、越经常联络，给对方社会认同的支持越多，友情就会越长久；但只有社会认同支持一项，能够预测人们是否能成为最亲密的朋友。

一项对乳腺癌病人互助组的研究显示，当病人康复，重新回到自己的职业身份和家庭身份时，她们仍然会保持着和互助组中的朋友的紧密情感联结。因为他们了解彼此作为癌症病人这一群体身份的感受，他们也支持彼此的这一社会认同。

对彼此的社会认同支持，可能是在双方有着同样的社会认同的情况下发生的，比如在同一个互助会或者俱乐部里，但也并不一定。薇姿发现，大量的社会认同支持也往往来自那些和你不在同一个群体内的朋友，但他们能够对你的社会身份进行确认，比如他们会说“你长期为自闭症孩子提供志愿服务，真是太善良了”，或者“你是一个真正的社会主义者”。

研究者认为，这可能是因为对我们社会认同的确认有助于提高我们的自尊水平——我们所做的事、经历、价值观等得到了确认、理解与支持。世界上虽然没有两片完全相同的叶子，但是形状相近的叶子有很多，所以几乎不存在找不到朋友的人，如果真的有人没有朋友，那往往是因为他封闭或者否认了自己的过去。

第三节　比语言更可信的情感表达

生活，总是比我们想象的更加丰富，比语言更丰富。生活中的每一件小事，都有可能牵动人的情感反应。与人类繁复多姿的情感世界相比，单一维度的语言显得贫乏，尽管一个教育良好的成年人可能有近万字的识字量和数千词汇来组合成各式各样的短语和句子，但是在表达情感的时候，我们有时还是会明显地感到词不达意。

既然词不达意，就不要勉强遣词造句了，跳过语言的情感表达，可能会收获更好的沟通效果。

很多时候，我们的身体会不由自主地表达出比语言更诚实的情感体验，而这些信号也比语言更容易被对方捕获。一个有意思的例子是，当嫌疑人在回答问题时撒谎，警察会观察他的语言与身体信息是否一致，他的声音、表情、眼神和身体是不是存在不协调的地方。我们的大脑会下意识地记录这些细微的不一致之处，并由此产生不信任的感觉。

在所有的身体信号中，最重要的莫过于表情和眼神。你见到对面走来的熟人，脸上不由得扬起或温暖或灿烂或友善或客气的笑容，这个最简单的表情，远比嘴上说的“见到你们很高兴”表达了更多的信息，而对方也一定会敏感地捕捉到这些信息。如果你告诉下属：“我为你们所取得的成绩感到骄傲。”他们就会盯着你的眼睛看，你内心的想法会首先在你的眼睛里表现出来。尽管领导有时需要一些“神秘感”，但是赞扬他人时带着一张扑克脸往往会引导对方朝负面的方向揣测。在这种的时候敞开心扉是必要的，让下属看到你眼睛里闪现着的光芒，这是对他们莫大的激励。

很多人并不知道，自己在说话时面部表情究竟传达了什么信息。我们不妨给自己录一段两分钟的视频，观察自己说话时的表情。你看到了什么？你脸上习惯性的表情是什么样的？你的脸精确地反映了你的情感吗？当你看到自以为情绪平稳时的一张脸，很有可能被解读为严厉、傲慢、暴躁的时候，不必惊讶。如果我们的面部肌肉没有被激活，也就是没有情绪的时候，它们倾向于表现出不愉快的表情。如果你完全没有意识到这一点，那就是你的疏忽了。想想在开会的时候，有多少人看到了你脸上的这种表情？而他们，当然是不会告诉你的。

让表情更柔和、友善的唯一方法是面带笑容。照镜子，找到自己最想表露的表情，记住此时嘴角的弧度，下一次与人见面时未语先笑，就是最好的情感表达。当然，除了表情之外，还有眼神。

人的眼睛是最重要的沟通工具。如果我们说话时不看着对方的眼睛，很容易让对方产生不信任的感觉。我们可以通过他人的眼睛以及眼部周围肌肉的微小变化获得大量的信息，比如眼睛睁大、瞳孔收缩代表惊恐，眼睛收缩代表怀疑和不屑。

在些教人沟通技巧的培训手册上，通常会建议人们与听众做“眼神接触”。我们天生对人类同伴带有好奇心，遇到感兴趣的人和话题会睁大眼睛，这样可以获取更多光线，让我们把对方看得更清楚。所以当我们认真与他人交流时，我们的眼睛会看着对方，目光停留在他的身上，并且期望在对方的眼神中获得回应。此外，我们还可以用眼神引导对方的注意力，你看哪里，对方就会看哪里。所谓心有灵犀的感觉，就在眼神的交融之中。有魅力的人，都有一双会说话的眼睛。

上面这些沟通方式，都在不知不觉中表露了我们的情感。人们本能地倾向于相信情感的流露，而质疑理性的阐述。特别是那些不经意间表露出来的语调、表情、眼神，传达的信息，越是复杂不确定，反而越让人感到真实。

第四节　比逻辑更有力的情感说服

一、情感说服的意义

吸引和影响他人最好的方式就是谈其所需。那么，你需要什么？这种需要是由逻辑决定的，还是由情感决定的呢？我们常常以为是逻辑，其实更多时候蠢蠢欲动的是情感。

本杰明·富兰克林曾经说过："如果你想要说服别人，要诉诸利益，而非诉诸理性。"

大部分人都经历过这样几种熟悉而又无奈的场景：销售员要把产品和服务卖给客户，而客户东挑西拣，还任性地压价；创业者找 VC/PE 融资，投资人东问西问就是不愿意拍板；工作中找到协作部门的同事，希望他们能配合一下，而对方总是拿各种理由推脱。这个时候难免会想，如果有巧舌如簧，定能事半功倍。

在现代社会中，说服力几乎是最重要的能力，也是最难做好的事情之一。不夸张地说，拥有说服力，就拥有了在社会中生存的能力。有研究甚至认为，说服力技巧的高低，基本上决定了收入的高低。

那么如何提高说服力呢？是不是要先练习口才呢？其实未必。我们都遇到过一些舌灿莲花、滔滔不绝的人，但是他们未必有说服力。能够把故事讲好的关键在于讲述方式符合听众的思维习惯。有说服力的人，基本可以等同于讲话可信的人 + 有影响力的人。

要让人家觉得可信，有两种常见的策略：

1. 风险逆转

每一个决策都有风险。让对方犹豫甚至决定放弃的，是对风险以及失败代价的恐惧。如果决策的风险变小，甚至不用承担失败的代价，对方自然会欣然同意。比如报名参加某项技能培训班时，有的培训机构会打出“包过”“包会”的旗号。这时候报名者就会感到放松，原本担心培训质量，不知道教的好不好，现在不用担心学不会，好像培训机构承担了培训质量好坏的风险，甚至少数报名者还可能会感到窃喜，即使自己学得慢，也可以花跟聪明人一样多的钱学会这项技能。

生活中更常见的转嫁风险套路是“免费试用”。新出的化妆品怎么样？要试试才知道，售价千元的化妆品摆在柜台上随便试用，商家为什么这么大方？最主要的原因是化妆品一旦使用就不能退换，消费者要承担很大的决策风险。请顾客试用，就是由商家承担“不满意”“不好用”的风险。有些不容易立即看到效果的护肤品，商家甚至主动送上免费试用装，一方面替消费者解除决策失败的后顾之忧，另一方面主动承担风险的行为也彰显了自信。

2. 借用权威效应

当我们不熟悉某类事物时，通常会相信权威人士、权威机构的意见，特别是在某个特定领域内的权威，我们会赋予他熟悉内情、立场公正的假设。将权威的态度 / 行为与自己要说服对方赞同的事物联系到一起，可以降低对方的不信任感。在商业领域，这也是一种常见的营销策略，比如，乳制品巨头伊利和蒙牛都喜欢请著名运动员做产品代言人，赞助亲子互动类的娱乐节目，就是将自己的产品与运动员的健康体魄、孩子的快乐成长联系在了一起。

如今，年轻的创业者喜欢用一系列炫目的头衔为自己背书。比如网络写手吴寒笛就找了一大串公众符号为自己背书：对外经济贸易大学国际营销战略硕士，36氪特邀作者，虎嗅、广告门、梅花网专栏作者，口袋专家营销智囊团成员，第九课堂特邀讲师，等等。具体到说服领域，不一定要找全世界都知道的公众符号，找全行业的符号，甚至是只有对方知道的符号，也是可以的。吴寒笛还建议要面试的年轻人，可以在面试快结束的时候顺带提一句："其实我对这个行业确实是比较感兴趣，我之前也参加了 ×× 公司（同行业竞争对手公司）的面试，也顺利拿到了 Offer。"

除了可信之外，还要有诱惑，才能真正影响对方决策，达到好的沟通效果。

1. 展示稀缺

稀缺有两重含义，一是客观上很稀有，不容易得到；二是主观上需求不容易被满足。人在主观上的需求是有弹性的，甚至是可塑的。我们对于失去某件东西的感知强度要远大于得到某件东西，即使这件东西原本并不稀罕，也可能突然"身价倍增"。

比如某单位原本每月将补助金发放到员工餐卡中，员工凭餐卡就餐，每餐 20 元，余额可买副食，每天约有三分之一的员工在单位就餐。后来改变了福利发放的形式，不再发放补助金，而由员工自行充值到就餐卡中，每餐 1 元，结果每天约有五分之四的员工在单位就餐。福利发放形式改变，使得原本不被在意的工作餐成了员工眼中的稀缺资源——不去吃饭就享受不到这项福利了。

在说服过程中，如果明示或暗示事情的重要性、机会珍贵，对方就会想："这次要是不争取，下次就没有机会了。"在对方的脑海中，把错过这次机会和痛苦的感受建立起联系，那么成功说服的把握就会大增。

2. 降低门槛

心理学中有一个“登门槛”效应，原意是调研人员想到居民家里进行半小时的入户调查，很多居民认为时间太长或者不欢迎陌生人到家里，只有三分之一的居民同意了这样的请求。后来调研人员改变方式，打电话给居民要求做一个十分钟的调查，与入户调查相比，这个要求太容易了，绝大多数人都同意配合电话调查。实际上，在电话调查中，半数以上的居民投入了半小时左右的时间完成了所有问题。

在没有做一件事情之前，人们设想到可能事情的难度、成功率、花费代价等会打退堂鼓，但是当事情已经开始之后，人们就不会轻易退出了。因此，把初始的门槛降低一些，让对方感觉到事情的难度在可掌握范围之内，说服的效果会更好。

试想一下，如果有人建议你做一件事情，这个事情对你而言是一个机遇（过了这村可能就没有这个店了），没有任何风险或风险很小（风险由他人承担），这个事情对你来说难度不大（完全在你的能力范围内），而且你知道一些牛人也在做这个事情，你会不会去做呢？毫无疑问，会的。

成功的沟通不是恶意欺瞒或“忽悠”，而是为对方提供信息和资源，帮助对方选择恰当的评价角度和判断标准。

二、提高说话的技巧

沟通除了策略之外，还有一些日常的技巧。更好的口头交流技巧，可以增强沟通的效率，也可以增进人际关系的和谐，甚至可以帮一个人获得成功。以下是一些日常生活和工作中讲话的技巧，适合于各种情境。

1. 一般人喜欢的说话技巧

◎突出重点：沟通主题清楚、具体，避免长篇大论分散焦点；

◎速度适中：不慌不忙，让对方听清楚、不抵触，语速过快往往给人压力；

◎保持微笑：运用表情语言表达善意，伸手不打笑脸人；

◎察言观色：看对方反应调整说话内容和方式；

◎间接指出对方错误：照顾对方的"面子"；

◎善用形容词：利用具体的形象、例子，帮助对方理解自己的意图；

◎叫出对方的名字与头衔：表示亲切与尊重；

◎以对方擅长的领域为话题：引起对方的谈话兴趣，使对方更容易理解；

◎分辨易混淆的字词：如十与四；

◎注意说话礼貌：礼不嫌多，多用"请""谢谢"等礼貌用语；

◎避免滔滔不绝：让对方有说话的机会；

◎善于倾听对方的话：能抓住对方的语意与重点；

◎保持合适的谈话距离：视人际关系亲疏而调整；

◎以自然姿势辅助说话：肢体语言自然，不夸张，不装腔作势；

◎以低而稳的态度沟通：沟通的双方是平等的，无论身份多高也不要居高临下；

◎重述与整理对方语意：对方的话没有表达清楚，或者自己没有完全领会；

◎预先计划沟通所需时间；在时间有限或不确定的情况下，有重要的事情要先说。

2. 更高的谈话技巧

与陌生人交谈，拥有足够的勇气才能打开话匣；与熟悉的人交谈，付出足够的坦诚才能深入沟通。具体可以从以下几个方面选择性地做出改进。

◎使自己的性格倾向外交型，外交型性格的典型特点是积极主动、友好谦和、不卑不亢；

◎任何时候都以诚待人，真诚能赢得信赖；

◎观察对方的言行，找到一个对方很感兴趣而你也喜欢的话题；

◎根据对方的态度不时调整自己的心态，对方犹豫的时候自己就不能急躁，对方冷淡的时候自己也不要气馁；

◎活泼、大方、热情，所有人都喜欢跟有正能量的人交往；

◎学会适时的幽默，幽默能使人快乐，幽默展示了一个人生活的智慧。

CHAPTER 05

第五章

情商与赢得下属

习近平在杭州 G20 峰会欢迎词中，引用了星云法师一段经典的话："以金相交，金耗则忘；以利相交，利尽则散；以势相交，势败则倾；以权相交，权失则弃；以情相交，情断则伤；唯以心相交，方能成其久远。"

领导者拥有的最大资源不是地位、不是权力，更不是金钱，而是下属。领导者最大的本事，就是让下属发挥最大的价值。这就是领导者的人事战略投资。

投资家最需要的是什么？赚钱手段？不！投资家最重要的是眼光。哪怕是一个对赚钱一无所知的白痴，只要把钱正确地投入一个会赚钱的人手中，他所获得的收益也是巨大的。同理，哪怕你在生活中是一个安分守己、不会赚大钱、饿不死撑不着的普通人，也有机会做一个技术高超的投资家，不是指理财方面的投资，而是更具潜力的人事战略投资。

打个比方：你有个邻居王三，是个生意人，凭着赚钱手段很快成为一方富豪。谁知他恋上了赌博，几年内输光了家产。周围人原来个个讨好他，现在个个嫌弃他。在他最惨的时候张口向你借三百块钱买米，看着王三羞愧的眼神，你借不借？在回答这个问题之前，要冷静分析一下王三目前的处境和将来的发展。

毫无疑问，王三现在处于落难期，但他在生意场上练就的技能并没有丢，如果有合适的机会，东山再起也并非梦想。目前的关键就在于他在赌博这件事上，有没有回头的决心。于是你没有就借不借钱的问题回答王三，而是热情地将他拉到家里，整几个菜喝起了酒。几杯酒下肚，王三声泪俱下，引你为知己，并且你也打听到，王三确实几个月没去赌场了。这次借几百块钱也并非买米，而是想凑足去南方的路费，王三在南方还有点路子，这次想跑跑生意。你跟他一通热乎，最后拿了一千块钱给他，明确告诉他，这钱是赌输掉还是花在路费上全凭他，自己是看在朋友的分上拉他一把。王三听见这话，敢不临表涕零、肝脑涂地？他以后不发达则已，一旦发达，你岂不是坐上了财富的快车道？

这一千块钱，叫作人事战略风险投资。分析王三的情况，叫作投资评估报表。请王三喝酒拉感情、探口风，叫作实地考察进一步分析。

像这种投资，领导常做做，至少比买彩票的中奖率要高得多！

既然是称作风险投资，当然是有风险的，王三在拿到钱后又去赌了或者发达后不再理睬你，都有可能。但在利益远远大于风险的情况下，这种投资可以说是你人生中最好的投资了。

第一节 领导者的情绪影响力

一、领导者的共情能力

共情能力，字面上讲就是产生、体验与对方相同的情感的能力。在此基础之上，才能真正理解对方、体谅对方。对于领导与下属双方来说，共同的情感体验可以为彼此提供一个相对平等的沟通氛围，使交流更加坦诚，只有在坦诚的基础上，才能真正说服并影响他人。

拥有共情能力是一种最简单的善良。为人善良没有成本，却能为管理者带来巨大的收益。管理者表现出同理心和同情心，能够显著提高员工表现、投入程度和创造的利润。澳大利亚新南威尔士大学的一个开创性研究项目调查了 77 个组织的 5600 名员工，发现“组织中影响利润和效率的一个最大因素……是领导者花费更多的时间和精力来培养和认可员工、接受反馈、包容批判，并在员工间培养合作关系的能力”。此外，研究还发现领导者展示同情心的能力，即“理解员工的动机、希望和困难，创建合适的支持机制来让员工发挥最大潜力”，与利润和效率的正相关最强。管理者发挥同理心和同情心，既有利于员工，也有利于组织。

要拥有共情能力，说简单很简单，说难也很难。只有对苦难感同身受的人，才会对处于苦难中的人产生善意同情之心。只有真正接纳了过去所受苦痛的人，才会对正在苦痛中挣扎的人有一些宽容之心。所以说到底，拥有共情能力也是个人修养提升、人格成熟的一种体现。

二、领导者的情绪价值

1. 情绪价值对领导者的意义

情绪价值就是一个人影响他人情绪的能力。一个人越能给其他人带来愉悦和稳定的情绪，他的情绪价值就越高；一个人总让其他人产生生气和难堪的情绪，他的情绪价值就越低。

我们喜欢交往的人，一定是能够给我们带来高情绪价值的人，“一见到你就有好心情”，他给我们带来平和的、愉悦的情绪体验。那些总是提供负情绪价值的人，我们下意识地会想要躲远一些，除非他有特别的物质价值，但是利益上的需要总是在变化的，具有高情绪价值的人更有具有真正稳定的人际影响力。

住过集体宿舍的人很多都有这样的经历：一个懒散的室友，不爱打扫卫生，暗示无效，明说又不好翻脸，怎么办呢？一个朋友T曾经讲过自己“被改造”的例子，T以前有个毛病，总是随手乱放东西，而且不喜欢收拾，屋子里床上、地上到处都是她的东西，而且她已经习惯了，可以忍受这样的乱。但是同屋的室友看不下去，屡屡欲言又止的样子让T也有一些不好意思。室友每天都打扫房间，不仅自己的地方干净整洁，还主动负责两人的公共区域，甚至把T没有被杂物覆盖的地面区域也清扫得干干净净。一个星期之后，T实在不好意思了，就主动打扫了一次卫生，同时也把自己杂乱的衣服整理了一下。T的室友看到之后，非常惊喜地大大夸赞朋友一番，让T受宠若惊，好像自己做了一件超有成就感的事情。三个星期之后，T也开始习惯了干净的生活，有时还是会懒散凌乱，这时候室友就会主动打扫“提醒”T，半年之后，T已经被改造成了生活十分有条理的姑娘。

在社会交往中，人们偏向于把友好当作一种手段。通过提高别人的满足感，最终令自己受益。因为人们都更喜欢与高情绪价值的人交往，无论是婚恋、交朋友还是工作交际，高情绪价值的人都更有市场。就像上面例子中朋友T的那位室友，通过关注、赞美的方式向T提供了情绪价值，不仅诱发了T的行为改变，让共同居住的房间更加整洁，而且得到了T的尊重、喜爱和感激。所以说，向别人提供高情绪价值，最终受益的其实是我们自己。

2. 如何提高情绪价值

通过观察和总结，我们大概可以提取出两个关键点：懂得回应，提升别人的存在感；有正能量，促进人格成熟。

（1）口吐善言，发现别人的优点，学会赞美别人。每个人都有优点，即使再讨厌的人也可能会做好事。每件事情都有好的一面，即使再倒霉的事情都可以发掘出积极的意义。从积极的角度与他人沟通，帮助他人调节情绪。

（2）提供认同感，关注他人。有些腼腆的人并不习惯直白地夸人，甚至不爱说话，如何为他人提供情绪价值呢？话不在多，要说到心坎上。有一位成功企业家，平时话不多，在圈内口碑颇好，真心与他交朋友的人很多。对照这一章探讨的内容，可以发现他很注重细节，并且擅长向他人提供“认同感”。比如在一次聚会中，大家坐在一起闲聊，一个穿着酒红色裤子的人一直在外围静静地听着，时不时地向人微笑致意，他走过去便对那人说道：“您这身衣服搭配得真有品位。”那人立刻高兴起来，说这套衣服是在意大利定制的，女儿给选的款式，回国第一次穿。

很多成功人士并不像想象的那样满身铜臭、趾高气扬，反而十分谦虚诚恳、关照他人，能够向别人提供高情绪价值，才能聚集人气、取得成就。要想成为这样的人，就要拥有一颗博大的心，以公允的心态看待他人，从细节中发现每个人的特点，关注他们的变化，倾听他们的表达，认真对待他们的意见和诉求，表达友好并照顾他人的需求。

“认同感”是一个非常重要的概念，它与自尊和归属感紧密联系在一起。每个人都渴望获得他人的认同，“认同”可以为他人提供安全、稳定、愉悦的情绪价值。当一个人出现在你的面前或者跟你讲一件事时，多半内心已经有了一个预期的回应，当这个隐性的预期被实现时，就会感到双倍的满足、愉悦。此时，你可以感受到他对你的反向认同以及需要，这就是该你发挥影响力的时候了。

3. 提高自身存在价值

有的人，好像不用刻意做什么，自然而然地出现我们身边，就让你感到心情舒畅。他不一定有很美丽的容貌，但是却有让人赏心悦目的姿态；他不一定有很动听的言辞，但是却有让人放松的笑容。情商高的表现之一是，自我的存在本身就在提供高情绪价值。有吸引力的人就像一个温暖却不刺眼的发光体。为什么我们愿意靠近一些人，对另外一些人却唯恐避之不及？归根结底，这取决于一个人带给其他人的舒服程度，这种舒服与迎合无关，而同自身的存在价值有关。

同事中有这样一位老阿姨，生活讲究，举止坦然，她的言行举止由内而外散发着岁月沉淀下来的智慧与安宁。很多人都很喜欢她，跟她坐在一起说说话，散散步，看她收拾屋子、侍弄花草，无论她做什么，都是那么平和自然。老阿姨说自己年轻时性格急躁，总想改却总也改不了，现在老了性子还是急，但是自己不跟自己较劲了，接纳自己，虽然急但是心不慌了。虽然急但是心不慌，虽然气但是心不乱，虽然悲伤但是心不动摇，最贵重的情绪价值其实是平和。

平和一定是由内而外的，是内心强大、人格完善的外露。很多“心灵鸡汤”类的文章中都会说，“你的气质中藏着你走过的路”“外表年轻是因为心理健康”“脾气不好的人老得快”，等等。不论是基于科学研究，还是缘于观察经验，一个人的脸面、皮肤、神色、身材、衣着、姿态等综合在一起就是他的气场。气场不同于气势，气场可以很平和。就像上文中的老阿姨，非常低调，但是没有人能轻视她，因为她不仅是一个老人，更是一个有智慧的人，她的神色和姿态中散发着独有的气场。有气场的人不一定具有攻击性，但是一定具有吸引力。

对于每个人来说，要想向别人提供高情绪价值，自己首先要拥有强大的气场和平和的心态，这就需要在生活的磨砺中积累生命的智慧，让阅历更加丰满，让人格更加完整，让胸怀更加宽广，找到自己存在的价值和持久的满足感。如果一个人能够做到这些，那么他的存在本身就已经能够影响他人，不需要刻意讨好奉承，也不需要表演欢笑。他的存在即价值。

第二节 让服从你的下属变成支持你的下属

一、提升下属的幸福感

下属为什么服从领导？因为怕被惩罚。下属为什么支持领导？因为可以得到奖励。什么样的奖励最有效？组织行为学专家们对此做了大量的研究，包括固定工资、浮动奖金、荣誉表彰、假期奖励、技能培训、年节福利等，综合而言，奖金和带薪休假是最受欢迎的奖励措施。究其原因，心理学研究认为，奖金和带薪休假的共同点是，在规定的报酬之外——奖金的数额和带薪休假的目的地都是未知的，超出预期的收益带来了幸福感。所以，归根结底，最有效的奖励是幸福感！

那么，如何提升下属的幸福感呢？《哈佛商业评论》上刊登过组织复原力专家 Rich Fernandez 的一篇文章题为《为下属提升幸福感，领导其实赚大了》。在文章中，他提出了以下五种领导帮助下属提升幸福感的策略：

1. 设计并鼓励有幸福感的活动

全球办公场所运营商雷格斯集团（Regus Group）曾经开展过一项涉及100个国家、2.2万多名员工的调查，结果显示，员工压力水平正在上升。约有一半（53%）员工表示，他们的职业倦怠感比5年前更强。压力会传染，反过来幸福感也一样。盖洛普的一项研究显示，如果团队中有成员表示自己感觉不错，6个月后团队中其他成员职场得意的可能性会高出20%。这两个调查结果给我们的启示是，要理解并重视那些能够提升个人和团队幸福感的活动，包括提供个人发展工具（如正念和复原力培训），明确鼓励员工花时间进行锻炼，或者在任务交付日程中留出缓冲时间以便员工灵活安排工作。

2. 允许员工在工作时间之外“断线”

经济合作与发展组织指出，全世界公司员工平均每星期花费 34—48 个小时来工作，而且很多人在工作时间以外仍然参与工作或相关事务。麦肯锡季度报告评论说：“始终保持在线，多任务并行，这样的工作环境正在杀死我们的工作效率，抑制创造力，使得我们不快乐。”

虽然追求高绩效的公司文化要求员工持续关注业绩，但“保持在线”的思维方式很危险且效率低下，因为它没有考虑恢复时间。即使是顶级运动队中最好的运动员，也需要时间来休息和恢复。所以，要明确团队成员（包括你自己）什么时候需要在办公室或者利用网络工作，说清楚什么时候不用参与，比如说晚上 8 点后不打工作电话或者周末时不发工作邮件。

3. 训练大脑应对混乱

神经科学研究表明，正念练习能够系统地训练大脑，能够培养提升复原力和效率的思维习惯。接受过大脑正念开发训练的领导者和团队能更好地进行合作，更有效地疏导压力，并且保持高绩效。正念能力是人类与生俱来的，要想在自己和团队成员身上开发这种能力，可以尝试一些有关正念的 App 或者设备，并应用到团队中，激发起团队成员自身的积极信念就可以了。

4. 强调“单任务”，更好地集中精力

计算机可以高效地同时处理多个任务，人类不行。神经科学家、教育

科研员兼作家迪克（JoAnna Deak）博士指出，多任务处理通常“比处理单个任务花费的时间多一倍，错误率也往往高出至少一倍”。人类最擅长“按顺序逐一处理任务”。管理者须帮助员工明确要交付的成果，按优先级排列，设置不重复的阶段性任务，不要将紧急的事情当作重要的事情，以此鼓励“单任务”。

5. 在工作日里有意安排“间隔”时段

要帮助团队成员在工作较轻松的时候也停下来休息，如果没有轻松的时候，那么管理者就要努力创造出来。根据前微软副总裁琳达·斯通（Linda Stone）的说法，人们正在被拉向“随时随地准备处理工作事务”的状态，导致恼人的“持续性注意力分散”，这种状态并不理想。解决办法就是给予人们足够的缓冲时间用来休息，然后重新集中精力。

管理咨询顾问建议，管理者要懂得工作不是一场马拉松，而是一连串的冲刺，中间需要时间来休息和恢复精力，比如近来事业单位推行的“工间操”就是一种很好的休息和调整。重要的不是员工工作的时长，而是在工作时间内创造的价值。

如果管理者这样做，能够换来怎样的回报？一项研究发现，在中型公司里，快乐的工作环境使得人员流动率降低 46%，病假造成的损失降低 19%，而员工表现和工作效率提高了 12%。快乐的员工集中精力处理工作任务的时间多出 46%，精力水平也比其他同事高出 65%。在宏观层面，人力资源咨询公司韬睿惠悦（Towers Watson）研究发现，员工投入感较高并能持续（这里的投入感包括情感投入和专心工作、精神抖擞的感觉）的公司，销售额比投入感中等到偏低的公司高出一倍，总利润则是后者的 3 倍。

盖洛普分析指出：“我们的幸福感会影响一起工作的人，以及为我们工作的人。”因此，管理者有必要提高自己的心理素质和情绪应对能力，发挥积极影响。只有有幸福感的领导才可能培养出幸福的下属。

幸福感是一种主观体验，无法统一量化。幸福的秘诀有两个，一是超出预期，二是知足知止。因此，领导者要提升下属的幸福感，除了上面专家给出的五种方法之外，还有一个最根本的基础，就是组织文化建设。通过组织文化建设，引导员工树立对工作的正确认识和期望，配以相应的管理流程，使员工更容易实现自我提升，并体验到幸福感。

二、维护下属的权益

要想让一个人在当前所处的环境中发挥出最大的能量，需要让他同时体验到幸福感和安全感。幸福感让人更有动力，更愿意主动付出，安全感让人没有顾虑，全心全意投入到当前的工作中。

领导给予下属的安全感，就是对下属权益的关注、尊重和维护。很多人都有这样的体会，读书的时候，班里总有些学习成绩好，但是来自农村或贫困家庭的孩子，当他们被同学冷落甚至取笑时，如果你能够主动与他们交流、尊重他们、做他们忠实的朋友，他们一定会对你铭感于心，日后有所成就时他们对你的回报绝对出乎你的意料。雪中送炭永远都比锦上添花更让人感到温暖。

领导和下属的关系像所有人际关系一样，需要建立在相互欣赏、认可的基础上，下属的忠诚和能力让领导放心，领导对下属权益的维护让下属安心。领导经常要观察、了解下属，下属更是时刻关注着领导。红餐网上刊登过一篇关于大厨与老板相互选择的故事《一份水煮鱼，看透两个酒楼老板》：

李师傅做得一手好菜并拥有忠实的客户群体，经他接手的酒楼餐厅基本上是到一家旺一家，在当地也有了一定的知名度。最近，有两家酒楼都想聘请他。这两家酒楼给出的待遇都差不多，规模也不相上下，怎么选呢？

他把这个烦恼对朋友一说，朋友问他想要什么样的工作环境。李师傅说，自己在后厨那么多年，最烦的就是各种争斗，还有就是老板势利眼，动不动就将责任推到厨师身上。

朋友说："这就是要看老板的人品对吧？行，我给你出个主意。"如此这般，李师傅和朋友约了一天一起考察这两家酒楼。李师傅和朋友到了第一家酒楼，点了一份水煮鱼，才动了一筷子朋友就大吼："把老板叫出来，你们家做菜不放盐吗？太难吃了！"

服务员很快就把老板叫了出来，老板之前没见过李师傅，加上李师傅穿了便衣，更认不出来了。老板以为他们只是普通食客，只想着尽快把问题处理了。当时酒楼里吃饭的顾客很多。老板没问菜出了什么问题就直接道歉，然后不管三七二十一就把厨师叫出厨房骂了一顿，大意是厨师犯了错，让顾客不要放在心上，回头一定会扣厨师奖金之类的，最后还为他们重新上了一份水煮鱼。

李师傅和朋友对望了一下，最后摇摇头结账走了。

来到第二家酒楼，李师傅同样点了水煮鱼，同样找碴儿说盐放多了很难吃。酒楼老板也出来道歉了，但是在处理之前，他先品尝了一下菜品，老板觉得这个菜的味道没有问题，随后说："这个菜我试过了，盐是符合这道菜的标准的，如果您觉得还是淡了，我们可以再加点。"

当李师傅嚷嚷着要见厨师的时候，老板拒绝了，他说："这道菜的厨师并没有错，如果有错一定是点菜前我们的沟通问题。"

这两个酒楼的老板你会选择哪位？

最后，李师傅选择了第二家酒楼，他说："懂得保护厨师利益、维护厨师权益的老板才是值得跟随的老板！”

这个故事耐人寻味。文章最后总结了值得跟随的老板要具备的几个要素：把人才当资源，识才重德、有聚才之道、不求全责备、用人准、勤于沟通、信任人才、合理分配利益。老板一定是领导，但是领导不一定是老板，老板能做的事，不是每个领导都能做到。这就需要领导具有更多的领导艺术，在有限的空间和资源条件下，尽可能地为下属着想。

那么什么样的领导值得下属跟随呢？领导行为是一种艺术，每个领导都有自己的风格，好的领导也不是一个模子刻出来的，但是至少有这样三个共同特点：1. 做事公允，对待不同的下属，涉及利益分配、评优晋升的事情，要凭公心裁夺，每个人都难免有自己的偏好，但是领导有责任有下属、为整个团队营造一个公平的氛围。2. 为下属提供发挥的舞台和发展的空间，领导者角色的本意是带领团队、指导其他成员做事的人，领导者如果能为下属个人能力的提升和职业生涯发展提供指导意见、创造有利条件，那么他在下属眼中就实现了最大的价值。3. 善于沟通，通过有效的沟通传达自己的意图，了解并理解团队成员的心态，并加以正向的引导，使合力最大化，人们都说领导者要能容人之错，宽容、包容的前提是充分的沟通，下次不再犯错。

三、敢于给下属承诺

领导者讲话要负责任，敢于给出承诺，意味着你有兑现承诺的决心和能力。尽管没人能够准确地预测未来，但也不能因为未来不可预测而不敢做承诺。领导者的承诺是珍贵的，也必然是有效的，它是下属努力奋斗的直接目标。如果说组织规定的奖惩机制为每一个员工画出了具有诱惑力的大饼，那么领导者特别是直接领导的承诺就是烙饼的锅，它让下属明白，只要把必需的食材准备好，就真的可以吃到饼。领导者的能力有多强，他的承诺对于下属的激励作用就有多大。

乱承诺的领导者必然会失去下属的信任，而过分谨慎不给承诺的领导者，也将难以调动下属的工作激情。

承诺一方面是对自己，另一方面则是对别人。如果满意感是一杯水，那么承诺就是水杯。

第三节　让讨厌你的下属变成理解你的下属

一、雷霆手段和菩萨心肠

“万众创新，大众创业”的浪潮中，有些人成功了，但是失败的例子更多，朋友A就是其中一个。A君是名校学霸，智商高，脾气好，温文尔雅，风度翩翩，在学校期间是风云人物。研究生毕业后，A首先在外企工作两年，又在新锐民企工作三年，收入不菲，但是用他的话说“没有自己的事业，缺少成就感”。于是在大众创业的春风中创立了自己的高科技企业。A君在创业期间非常拼命，公司人手有限，他一个人身兼多职，每天都工作到深夜，但是对手下的员工却非常宽松，仿照外企的工作环境，给员工提供茶点和休息室，不限定员工的上下班时间。有员工工作中犯了错误，或者任务没有达成，A君从不批评员工，只是委婉地提醒。每一个人都很享受这种上班状态，所有员工都很爱戴他。但是公司的主推项目却始终没有突破，不温不火维持了近一年之后，心力交瘁的A君创业失败。套用现在流行的一句话来形容A君，他是个好人，但不是个好的领导者。

所谓“慈不带兵，义不行贾”，说的就是这个道理。

与A君形成鲜明对比的是我的一个高中同学B，娇小的女子，说话办事却雷厉风行。B比A更早创业，四年时间她把五个人的创业团队逐步发展成为百人规模的业内明星企业。朋友交往时，B给人的感觉是一个温和的知识女性，但是在工作场所她却是实实在在的女强人，逻辑清晰、思维敏捷、决策果断，她自己做事干脆，要求下属工作也要高效、利落，不能拖泥带水。开大会讨论各个部门的工作时，她言辞直率、直指要害，有时甚至让业绩不佳的下属下不来台。这样的领导风格在创业初期着实吓跑了一些人，也曾有人试图拉小团伙与她作对，但是大浪淘沙，每一个留下来的员工都从心底里敬服她。最重要的原因是，她带领团队实现了业绩增长，每个在她高压管理下成长起来的员工都收获了不菲的奖金，业务能力也有了显著的提升。

每到年终总结时，同学B总是喜欢用“梅花香自苦寒来”与员工们共勉，老员工们都深以为然。创业的企业，时间就是生命，B说她没有能力让投资者等太久，所以只有逼自己快点再快点。她的例子让我想起华为技术有限公司的“狼性文化”，倡导拼命三郎的工作作风，准军事化的管理，在这样的企业里工作当然不会太舒服，但是在痛苦之中可以看到收益，公司赢得了客户，员工个人赢得了丰厚的报酬。

B同学对员工的物质奖励是很大方的。除此之外，她还是一位非常讲情义的老板。她会毫不含糊地批评办事不力的下属，然后帮助下属分析问题，寻找解决方案；她会非常直率地指出下属个性或行为方式上的不足之处，同时也会给予下属足够的信任和支持；她带领的团队工作强度非常大，但是在医疗保险、职业培训方面为员工提供的福利堪比外企……

一个好的领导者，应不应该做一个好人？答案是应该，所谓“得道者多助，失道者寡助”，得人心者才能得天下，领导者如果从本质上不是一个心存善念、有良知和责任感的人，他即便招揽了人才也难以留住人才，即便留住人才也难以将众多人才聚拢在一起发挥合力，他所领导的事业也难以长久。

但是“做个好人”、让大家都满意，绝不是领导工作的目标。没有实实在在的业绩，再好的人员、再高的民意测评也不能证明领导的能力。领导如果不能为下属当前的付出提供合理的报酬，不能为下属未来的发展谋得进步的阶梯，就不能真正赢得下属的理解和支持。NBA马刺队的主帅格雷格·波波维奇在球场上被称为“暴君”，暴躁、刻薄、追求完美，骂任何明星球员都不留情面，但在球场下，他却是一个大大的好人，善良、幽默，为周围人带来简单的快乐。在比赛时，他愤怒咆哮、暴跳如雷，猛烈的炮火能把在他眼里形容梦游的球员“骂醒”；而在球星邓肯的退役发布会上，他深情地说：“想要和他（邓肯）告别，那是不可能的。”波波维奇执掌马刺二十年，带领球队获得一千场胜利，五个总冠军，他个人也三次荣膺年度最佳教练。

所以，一个好的领导应该是一个“严厉的好人”，有菩萨心肠做事业，更要有雷霆手段带队伍。

二、肩负起领导的责任

说起领导者，一般人首先想到的是权力，真正坐在领导岗位的人才能明白领导的责任。领导对团队的绩效和发展负有责任，对团队中每一个下属也负有责任。下属工作不积极，是领导的激励不到位；下属工作能力不足，是领导选人失误或对下属的教育不够；下属发展不顺利，是领导对下属的培养不够、给下属提供的舞台不够……领导者作为一个团队的“带头大哥”，肩负着整个团队的荣辱成败，肩负着上上下下的期望。一位中层领导曾经这样讲述自己对升职的看法：“我工作这么多年，到了这个年龄，对于个人职位升迁的问题，要说完全看开不在乎那不可能，但是自己能想通。可是我作为一个中层，我有自己的下属，他们跟着我苦干，我得对他们负责，这一点上，我有时候会觉得过意不去，甚至有时候想就是为了下面的人，我也得再争一争。”

责任，是领导的负担，也是领导的使命，更是领导的成就。对外，肩负起旗帜的责任，对内，肩负起老大哥的责任。从这个意义上讲，领导者工作的意义之一，就是成全，成全集体的利益，成全他人的梦想。

【扩展阅读】最苦与最乐

人生什么事最苦呢？贫吗？不是。失意吗？不是。老吗？死吗？都不是。我说人生最苦的事，莫苦于身上背着一种未了的责任。人若能知足，虽贫不苦；若能安分（不多作分外希望），虽然失意不苦；老、死乃人生难免的事，达观的人看得很平常，也不算什么苦。独是凡人生在世间一天，便有一天应该的事。该做的事没有做完，便像是有几千斤重担子压在肩头，再苦是没有的了。为什么呢？因为受那良心责备不过，要逃躲也没处逃躲呀！

答应人办一件事没有办，欠了人的钱没有还，受了人的恩惠没有报答，得罪了人没有赔礼，这就连这个人的面也几乎不敢见他；纵然不见他的面，睡里梦里，都像有他的影子来缠着我。为什么呢？因为觉得对不住他呀！因为自己对他的责任，还没有解除呀！不独是对于一个人如此，就是对于家庭、对于社会、对于国家，乃至对于自己，都是如此。

凡属我们受过他好处的人，我们对于他便有了责任。凡属我们应该做的事，而且力量能够做得到的，我们对于这件事便有了责任。凡属我们自己打主意要做一件事，便是现在的自己和将来的自己立了一种契约，便是自己对于自己加一层责任。有了这责任，那良心便时时刻刻监督在后头，一日应尽的责任没有尽，到夜里头便是过的苦痛日子；一生应尽的责任没有尽，便死也带着苦痛往坟墓里去。这种苦痛却比不得普通的贫困老死，可以达观排解得来。所以我说人生没有苦痛便罢，若有苦痛，当然没有比这个加重的了。

翻过来看，什么事最快乐呢？自然责任完了，算是人生第一件乐事。古语说得好：“如释重负。”俗语亦说是：“心上一块石头落了地。”人到这个时候，那种轻松愉快，真是不可以言语形容。责任越重大，负责的日子越久长，到责任完了时，海阔天空，心安理得，那快乐还要加几倍哩！大抵天下事从苦中得来的乐才算真乐。人生须知道有负责任的苦处，才能知道有尽责任的乐处。这种苦乐循环，便是这有活力的人间一种趣味。却是不尽责任，受良心责备，这些苦都是自己找来的。一翻过去，处处尽责任，便处处快乐；时时尽责任，便时时快乐。快乐之权，操之在己。孔子所以说“无入而不自得”，正是这种作用。

可是为什么孟子又说“君子有终身之忧”呢？因为越是圣贤豪杰，他负的责任越是重大；而且他常要把这种种责任来揽在身上，肩头的担子从没有放下的时节。曾子还说：“任重而道远”，“死而后已，不亦远乎”？那仁人志士的忧民忧国，那诸圣诸佛的悲天悯人，虽说他是一辈子感受苦痛，也都可以。但是他日日在那里尽责任，便日日在那里得苦中真乐，所以他到底还是乐，不是苦呀！

有人说：“既然这苦是从负责任而生的，我若是将责任卸却，岂不是就永远没有苦了吗？”这却不然，责任是要解除了才没有，并不是卸了就没有。人生若能永远像两三岁小孩，本来没有责任，那就本来没有苦。到了长成，责任自然压在你的肩头上，如何能躲？不过有大小的分别罢了。尽得大的责任，就得大快乐；尽得小的责任，就得小快乐。你若是要躲，倒是自投苦海，永远不能解除了。

（摘自《梁启超全集》，1922 年 8 月 12 日刊于《时事新报·学灯》）

第四节　帮助下属找到角色

每一个人在团队里，都有自己特定的角色。这个角色的选定，既是个人的主观意愿，也反映了团队的需求，多数时候，是领导者与下属通过多种途径沟通获得的默契。因此，领导者有责任帮助下属找到适合他的角色定位，而不仅仅是简单地把人安插在用得着的地方。

一、尊重每一棵树的天性

高明的园艺师，不是能把任何树都变成自己想要的样子，而是尊重每一棵树的天性，让枝叶得到最合适的发挥。每棵树都有自己的内生力量，枝头一长出来就把它剪掉，就好像“让一个有抱负有发挥的人刚一开口就闭嘴”一样，会让它无所适从。人，有大才，有小才。管理者的职责，是给他们最适合的位置和发展空间，让他们发挥出最大的能力。

修剪花木的时候，我们知道枝叶尽量不交叉，尽量让每一朵花蕾都有长大、开放的空间。不按自己的喜好去修剪枝叶，不代表不去修剪枝叶，对此，我有两个原则：第一，不交叉。树和人一样，枝干交叉会闹矛盾、不愉快，从而影响发展。第二，有空间。树要长得合理，要有美感，一定要留给它足够的成长空间。团队的组建、下属的教育和培养，也是同样的道理。

二、建立团队内部的“二把手机制”

一个优秀的领导必须有班子意识，要能够组建起自己的班子，并且管理好自己的班子。管理班子也需要有助手，即团队内部的二把手。团队中的“二把手”是从班子中来，需要一把手领导在日常管理中着重关注与培养的特殊人才。

无论是企业经营还是行政管理，都不能简单地靠投票决策，即便是听大多数人意见和少数人商量，最终也得一个人说了算。这样的人，我们称为“一把手”。功力相当于一把手的80%，在一把手不在的情况下可以让组织正常运转，这样的人，我们称为“二把手”。

培养二把手的好处之一：成就他人，赏悦自己。只有配备了二把手，上级才是能够睡安稳觉的人。团队的工作就像打仗一样，时刻准备应对新的挑战。战斗不能一分钟没有指挥员，二把手是最佳的接手选择，这就需要二把手和一把手一样掌握全局信息，具备指挥全局的能力。

培养二把手的好处之二：成就他人，成就自己。只有配备了二把手，一把手才能有长足发展。因为当一把手要往上走的时候，需要有接班人接替自己的位置。

通常培养二把手的思路：首先，要摸底。要对团队成员，特别是班子成员有较为全面的了解，特别是每个人的发展方向和未来的预期发展轨迹。其次，要宣传。要在团队内部大力宣传班子概念，强化班子成员的责任，鼓励、督促班子成员有所作为，从中确立二把手人选。再次，要放权。一些重要会议，重要文件，都要让二把手参与进来。一把手不在的时候，要让二把手主持工作。一把手参加不了的会议，要让二把手参加。最后，要培养。二把手要选拔、更需要培养，通过让其承担一定责任、参加培训等方式让二把手尽快成长起来。

优秀的一把手必须有在班子中发现二把手的能力与气度，凡是给自己配备了二把手的一把手，都是聪明的领导，有胸怀的领导，有潜力继续进步的领导！

C H A P T E R 0 6

第六章

情商与个性修养

一个不会游泳的人，穿什么样的泳衣也无法真正与水亲近；一个不会做事的人，换什么样的工作也难有大展宏图的一天；一个不懂体谅他人的人，进什么样的圈子也难有长久的挚友；一个不懂经营家庭的人，换什么样的伴侣都享受不到家庭的幸福；一个不知自省的领导，纵有再大的才华也无法突破自我的设限。“我”是一切的根源，要会处世，先要会做人，要管理好团队，先要管理好自己。一个强有力的领导，他的个性，又何尝不是团队的脾性？！

第一节　领导者的私情与大爱

一、有私情无私心

领导者当有私情，无私心。人皆有七情六欲，过往的经历也会在内心深处留下痕迹，所以每个人都有自己的“倾向”。领导者也不例外，有格外欣赏的人和事，也有格外厌憎的人和事，如此方是真实的人。但是领导者在做人方面，除了有实，也要有虚。虚不是假，而是在私心私欲之上建立起来的楼阁，是领导者自我修养的集成，也是领导力的重要来源。

人的心理十分复杂，一个行为的背后可能同时有多重原因。如何判断当前的出发点是有私心还是无私心呢？

王阳明说："心即理也。无私心即是当理，未当理便是私心。"意思是，心即天理，没有私心，就是合于天理。不合于天理，就是存有私心。心初始的样子就是最本真，不矫揉造作，不过分修饰，不画地为牢，不损人利己。这样的"初心"就是与天理相合的。但是人的心会变，"初心"与外界环境接触之后，得到了更多，也失去了更多，内心的杂念也就随之增多。有一天累了，倦了，争不动了，走不下去了，回头再看什么是"初心"？不自私，存大爱。光明磊落，坦诚纯粹，永远长新。

那么，如何才能做到无私心呢？

其一，是不因己利而妄为。王阳明认为，人须有为己之心，方能克己；能克己，方能成己。人需要有为自己着想的心，才能克制约束自己；能够克制约束自己，才能成就自己。俗话说，人不为己，天诛地灭。真正为自己着想，不是满足自己的一时之需、一念之贪，而是想清楚自己如何立身处世、如何实现人生的价值。想清楚之后，就是克己，控制自己，管理自己。人活在世上，做什么不需要克己呢？为人处世的功夫，明白道理只是基础，能够做到克己才能实现。但克己不是压抑自己，因为克己的实质，不是源于外在的压迫，而是源自内心的不平。人心若平，世间便无不平之事。所以克己的真正指向，是修炼自己的心，修养自己的境界。克己，如同道家的戒律，只要观念上不要跑偏成压抑欲望，而是明白这是为了修炼散乱之心、萃取出本心中真正美好的品质，便正是心灵修养的功夫。

其二，是不因己心而妄断。身为领导者，除了自己的私情、私念之外，往往还肩负着更多人的期望和权益，更需要有真正的为己之心、克己之力、成己之能，成就自己的同时为追随者谋求福祉。也就是说，领导者不仅要对自己无私，也要对下属无私。《礼记・大学》中有言："好而知其恶，恶而知其美。"对你所喜欢的人，要知道他的缺点，不可偏袒；对你所厌恶的人，要知道他的优点，不可抹杀。我们评价一个人要客观公正，不要感情用事，不要因为自己的好、恶而产生偏见。

二、有大爱能成全

有人提出"情商训练六法"：把看不顺的人看顺，把看不起的人看起，把不想做的事做好，把想不通的事想通，把快骂出的话收回，把咽不下的气咽下。

这六点总结得很精练，但是做起来并不容易。如果按照规章制度来强迫自己进行所谓的"训练"，未必能推动下去，而且很容易反弹。提升情商的关键是要想通。上面六句话，其实说的是对待他人和不如意之事的态度和处理方式。但是缺少了动力。什么力量能扭转我们的态度呢？其实很简单，思考的力量就可以做到。

一些修习瑜伽的人喜欢倒立的感觉，因为倒立的时候视觉颠倒，能量注入大脑，使大脑高速地进行逆向思考，认知的世界随之干煸。比如你会发现，让你烦恼的人，很有可能是来帮你的人，烦恼的存在源于取舍，难题早晚都要面对；让你痛苦的人，是来助你一臂之力的人，因为作用力与反作用总是成对出现；让你怨恨的人，可能是你生命的贵人，有了他的磨砺，你才散发珍珠光彩。相反，你爱的人，常常是给你制造痛苦的人；你喜欢的人，也是常常给你带来烦恼的人。因为他们也是你的影子，让你老也抓不住。

每一个能够牵动你情绪反应的人，都是你自己的不同侧面，都是另一个你自己。其实，你爱的是你自己，你喜欢的亦是你自己。你爱的、你恨的，都是你自己。

所谓大爱，不仅是包容他人，其实也是温暖自己。你的一切，都是你创造出来的；你是阳光，你的世界充满阳光，你是爱，你就生活在爱的氛围里；你是快乐，你就是在笑声里。同样地，你每天抱怨、挑剔、指责、怨恨，你就生活在地狱里。你不能容忍他人，就会给自己带来不幸。

把自己的位置放低一点，爱别人就更容易一点。有一句顺口溜说出了爱他人的秘诀：看上级不顺眼，是自己的能力不够；看老板不顺眼，是自己的梦想不够；看同事不顺眼，是自己的胸襟不够；看朋友不顺眼，是自己的眼力不够；看自己不顺眼，是自己的修炼不够；看别人不顺眼，是自己的修养不够。

有三个小故事，说明了爱人与爱己、怨恨与包容的关系。

故事一：一禅师见一蝎子掉到水里，决心救它。谁知一碰，蝎子蜇了他手指。禅师无惧，再次出手，岂知又被蝎子狠狠蜇了一次。旁有一人说：它老蜇人，何必救它？禅师答：蜇人是蝎子的天性，而善是我的天性，我岂能因为它的天性，而放弃了我的天性。

故事二：曼德拉曾被关押 27 年，受尽虐待。他就任南非总统时，邀请了三名曾虐待过他的看守到场。当曼德拉起身恭敬地向看守致敬时，在场所有人乃至整个世界都静了下来。他说："当我走出囚室，迈过通往自由的监狱大门时，我已经清楚，自己若不能把悲痛与怨恨留在身后，那么我仍在狱中。"

故事三：野猪和马一起吃草，野猪时常使坏，不是践踏青草，就是把水搅浑。马十分恼怒，一心想要报复，便去请猎人帮忙。猎人说除非马套上辔头让他骑。马报复心切，答应了猎人的要求。猎人骑上马打败了野猪，随后又把马牵回去，拴在马槽边，马失去了原先的自由。

器量大小决定事业的大小。用人可用之处，不求全责备。别让猜疑毁了你的人生，原谅别人其实就是放过自己。宽广的心胸稀释人生痛苦，看淡名利得失，保持平常心，坦然面对生活。

一滴墨，可以污浊一杯水，难以污浊一条河，因为心大方能容纳；一句话，可以破坏一时的心情，难以决定人的一生，因为命运在自己的手中。对着阳光行走，眼前没有阴影；对着自己微笑，一切都在微笑，用心触摸大海，大海就在眼前；用心触摸世界，世界就在你的心中。

三、格局决定事业

有三个工人在工地砌墙，有人问他们在干吗？第一个人没好气说："砌墙，你没看到吗？"第二个人笑笑："我们在盖一幢高楼。"第三个人笑容满面："我们正在建一座新城市。"10 年后，第一个人仍在砌墙，第二个人成了工程师，而第三个人，是前两个人的老板。

形容人和事物的时候，有一个比较高端的词叫"格局"。顾名思义，是说一个人的内心既有微观的方格规矩，又有宏观的整体大局。格局是一个人的眼光、胸襟、胆识等心理素质的综合，一个人的格局会体现在他工作与生活的方方面面。有时我们说一个人的发展受到自身的局限，这个"局限"就是格局太小，为其所限。谋大事者必要布大局，对于人生这盘棋来说，我们首先要学习的不是技巧，而是布局。大格局，即以大视角切入人生，力求站得更高、看得更远、做得更大。大格局决定着事情发展的方向，掌控了大格局，也就掌控了局势。

一个人的格局大了，未来的路才能宽！如果把人生当作一盘棋，那么人生的结局就由这盘棋的格局决定。想要赢得人生这盘棋的胜利，关键在于把握住棋局。喜欢下棋的人知道，无论预先做多少次推演，也无法完全预知棋局的走势，因为下棋是两个人的博弈，是主观意念与客观条件（对手）共同发力的结果。在人与人的对弈中，舍卒保车、飞象跳马……种种棋着如同人生中的每一次博弈，棋局的赢家往往是那些有着先予后取的度量、统筹全局的高度、运筹帷幄而决胜千里的方略与气势的棋手。

很多人在同一岗位上一干就是十几二十年，屡次错失升迁机会。为什么？没有运气？其实问题往往就在于格局太小，为其所限。在今天这个知识不断更新的世界里，我们是在不断刷新自己的知识结构，只有一点最重要，就是尽量酝酿一种大胸怀。

成功者运气的背后总是隐藏着大格局。拥有大格局的人，有开阔的心胸，不因一时环境的不利而妄自菲薄，更没有因为当前能力的不足而自暴自弃。相反，他们会从大处着眼，从小处入手，一点一点提高自己、改善环境。而小格局的人，往往会因为生活的不如意而怨天尤人，因为一点小的挫折就一筹莫展，看待问题的时候常常是一叶障目不见泰山，成为碌碌无为的人。格局不够大，人生成就再高也有限。所谓“局限”，就是一个人给自己设的“局”太小。人生所能到达的高度，往往就是人们在心理上为自己选定的高度。如果一个人心中从来没想过到达顶峰，那么，他也就永远不会获得成功。

有大格局的人扛得住压力。我们感到痛苦和迷茫的时候，往往是因为方向不清晰。每个人都有挫折，而且都要经历无数次的挫折，即使摔断了腿，也别轻易把自己定位在失败者的位置上。不追求违背客观规律的速成，失败者往往是被自己打倒的。输得起才能赢得起，对可能出现的问题做好准备。

人为什么能扛得住压力？因为他还有梦想，还有目标等待去实现。每一天都是一个进步的过程。真正定位高的人，不会让自己得过且过，仅有胸怀大志是不够的，还要从点滴做起。为了明天的成功，耐住今天的寂寞，集中精力支配自己的时间。

一个人的大格局不是与生俱来的，与其目前的人生境地也没有必然的联系。格局是一个人对自己人生坐标的定位，只要我们能够调整心态，就一定能够为自己建立一个大的格局。知识和技能是内力，合适的平台和丰厚的人脉是羽翼，如果能够充分利用这一切资源，让自己的每一天都处于一个上升的阶梯上，那么，未来的大格局与大发展将不仅仅只是一个梦想。

无论是大发展还是大梦想，如果只把目光放在个人身上，终究还是狭隘的。真正的“大”，是影响他人、影响人类社会的发展。作为一个领导者，无论是政府官员还是行业领袖，应该有相通的大格局、大胸怀、大眼界、大志向！宋代大哲学家张载的“横渠四句”——“为天地立心，为生民立命，为往圣继绝学，为万世开太平”永远激励我们前行。

四、自律让你自由

据说苹果前掌门人史蒂夫・乔布斯年轻时每天凌晨四点起床，九点前把一天工作做完。乔布斯说，自由从何而来？来自自信，而自信则源于自律。自律是对自我的控制，自信是对事情的控制。先学会克制自己，用严格的日程表控制生活，用坚决的标准控制欲望，才能在这种自律中不断磨炼出自信。

体育明星是我们最容易看到的自律榜样。比如很多人非常喜欢的 NBA 球星史蒂夫・纳什。这是个身体瘦弱的加拿大白人，背部神经有着严重伤病，被认为是“天赋最差的篮球巨星”。但是他却获得了“连庄”MVP：连续两个赛季的最有价值球员。历史上只有十个人做到这点，其余九人都是乔丹、张伯伦等旷世大神。纳什的自律是出了名的：不沾糖、油炸和深加工食品。训练日里，他一天吃六餐：麦片粥（不含谷蛋白）、杏仁切片、生坚果、水果、蔬菜、糙米饭、胡萝卜和生吃芹菜。纳什把他的食谱推荐给队友。于是，太阳队的年轻人都成了纳什的跟班，亦步亦趋，然后表现脱胎换骨。整个球队都在尽量跟着纳什：吃喝，作息，训练，保持健康的氛围……纳什的成功给了平凡的普通人一点点念想：如果没有天赋，永远成不了科比或者麦迪；但如果足够勤奋自律，至少你还有机会成为纳什。

2015 年温网男单冠军德约科维奇在夺冠后，坐在更衣室里，想做一件事情：尝一口巧克力。他从 2010 年夏天以来就没尝过了。“我掰下一块，小小的一块，丢进嘴里，让它在我的舌头上融化。我只准自己吃这么多。”是啊，要当世界第一，就要付出这样的代价。

不只体育明星，任何一个行业站在金字塔尖的那一小部分人，大多都以勤奋自律著称。比如前华人首富李嘉诚，他的作息时间非常有名：不论几点睡觉，在清晨 5 点 59 分闹铃响后起床；随后，读新闻，打一个半小时高尔夫；然后，去办公室，开始工作。数十年如一日。

近几年，许多政府官员也开始像职业运动员一样管理自己：作息、饮食、习惯、爱好、体力、欲望……一个能管住嘴、迈开腿、每晚坚持跑步的人，工作上也不会差到哪去。相反，就如一位县委书记曾说：“如果连自己这点零件都管不好，怎么可能管得好那么多部门、那么多人？”

其实很多人在读书的时候也是自由散漫的，而在工作以后逐渐发现，自律是生活的基石：管得住自己，就能走上轨道，发现错误，修复错误，工作表现越来越好，生活也越来越敞亮；管不住自己，制订的计划不能执行，则容易溃散混乱，屡错屡战，屡战屡错，长期下去越发沮丧内疚，工作和生活都乱成一团。

领导者之所以能从千军万马中脱颖而出，之所以能在重重考验中过关斩将，最基本、最朴实的一个要素就是自律。自律决定了个人机器的运转，决定了一个人的执行力，决定了你能否成为更好的自己、站上更高的台阶。

对于领导者而言，欲望管理是一项尤为重要的人生技能。人天生是感性的，可以说欲望为我们的行为提供了驱动力，而理性则与感性一起决定释放哪些行动、压制哪些行动。欲望连同本心，不必畏惧，而要正视它。认识了欲望，才算真正认识自己。过度的欲望会吞噬理性，冲毁辛苦经营的事业与生活。

不要因为自己一直很节制没有犯过错，就自信不会失去对欲望的控制。放纵如山倒，自律如抽丝。自律是日日夜夜地修心，习惯成自然。很多人不知道修心的重要，借口生活压力而放纵欲望。无论年轻还是年长，都奋力上进，如清理院子一样剪除杂草杂念，专注于自身成长。“为腹不为目”，才是永葆内心幸福之所为。不做欲望的奴隶，享受不被欲望左右的状态，这种感觉不刺激，但很舒服，这才是安全的自由。

从理性的角度，欲望管理能降低阈值。穷学生的时候，一顿沙县小吃也津津有味，一顿肯德基如同过年；长大挣钱了，生猛海鲜鲍鱼大虾，也未必能勾起你的兴致。刚工作的时候，只想和爱人共筑一个温馨的小窝，别人有再大的豪宅也必定不及小窝温暖；官越做越大，认识的朋友越来越光鲜富有，百多平的房子、温婉贤惠的妻子也未必能让你感到满足。何以至此？为什么现代人越来越感觉不幸福？ 阈值使然。持续的刺激抬高了欲望的触发点。

这是一个追求个性和自我实现的时代，特别是苦熬多年终于坐上领导岗位之后，更是理应可以享受一定的“自由”了。但是，一定程度的禁欲和自控是必要的，这是防止阈值升高的有效手段。欲望永无止境，中彩票的极度兴奋也只会持续 18 个月。最幸福的方式是，让欲望一点点释放，让欲望匹配你的现实。

每一个从基层岗位一步步走上领导舞台的人，都有过“时间被工作填满”的工作狂阶段。学习了时间管理之后，发现工作生活有很大的改进空间，于是开始做计划、写日记、控制注意力、分出轻重缓急、提高每日完成度、构建自己的时间管理系统、平衡好工作和家庭。当有一天终于可以从烦琐事物中抬起头来，审视周遭和前方，有了心如止水、有条不紊的感觉，也就走到了领导的岗位上。而这个成长的过程，其实就是自律。

自律的结果，就是拥有更多掌控力，更可以做自己喜欢的事，这不就是身为领导者的自由吗?

第二节　领导者的目标与底线

脸书（Facebook）创始人扎克伯格在女儿出生时写给女儿的一封公开信中承诺，要将大部分收入投入到基金会中，资助科研人员从事医学和基础科学研究，促进全人类的健康，改善人类的生存环境，因为要“致力为下一代创造一个更加美好的世界”。这不仅是为人父母的目标，也是扎克伯格作为脸书创始人的目标，这个目标，为他领导的企业文化奠定了基调。

同理，如果你领导着一家企业，你的目标就引领着所有员工的工作目标，甚至影响整个产业的发展方向；如果你领导着一方政府，你的目标就引领着所有辖域内公职人员的工作导向，甚至影响千家万户的幸福与安康。所以领导者的目标要有高度，也就是前文所讲的有格局，也要有深度，也就是扎根于实实在在的生活，扎根于人类最朴实的期望。就像扎克伯格的目标，是私情，也是大爱，瞬间赢得所有人的认同与追随。

每个人在工作中都有自己的目标，无论大小，每个人做事时也都有自己的底线，无论高低。目标就是一个人的志气，底线是一个人的骨气。有时候我们说一个人志气不足，其实不是“气”不足，而是气不纯所以力不足——目标太多，什么都想要，而力有不逮。有时候我们说一个人骨气不硬，也不是“气”不硬，而是骨不硬，不知道底在哪里，即使拉起了底线也形同虚设。

曾国藩在谈到“养气”的时候说：“气藏丹田，无不可对人言之事。”这就是他培养自己真气的方法：能够做到内外统一、光明正大之行，没有奸诈计谋、行险侥幸之念，任何所作所想都能够说得出口，只有这样，才能将真气存蓄于丹田之中。曾国藩的这一理念与《孟子》中的观点相通：“仰不愧于天，俯不怍于人。”仰起头来看看觉得自己对天无愧，低下头去想想觉得自己不愧于别人。做人要光明磊落，问心无愧。君子应如是。

领导的本质是管理自己，并影响别人。作为领导者，下面很多双眼睛看着你，正人需要先正己。正己的方法有两种：一种是从外部划出红线，把自己框进去。习近平总书记说：“把权力关进制度的笼子里。”制度越完善，规则越具体，界限越清晰，人就越不容易走歪路、走错路。外部红线因为客观存在，所以约束力也比较强。另一种是从自身形成自我约束与反省的习惯，如曾子所说的“吾日三省吾身”。自我反省可以在任何时间、任何地点，比如经过有镜子的地方停下来照一照，不仅仅是整理衣服和装饰，更要看看自己的精神状态，是否积极自信而又谦逊平和。党支部的组织生活会也是自我反省的一个机会。

对于大多数人来说，相较于外部的、制度的红线，自我约束的难度要大得多。人类有两大缺点，一是不加控制就无限膨胀的欲望，二是对自己宽容，人们之所以提倡要“严于律己、宽以待人”，原因之一就是我们容易对自己宽容、对他人苛刻。但是对于领导者，自我约束具有特别重要的意义，特别是一个组织、部门的一把手，外部的约束力有时十分有限，如果领导者自己的目标不清晰甚至不正确，底线不够坚定，可能会为自己和团队 / 组织带来巨大的风险。

2016年3月22日《人民日报》人民论坛上刊登了一篇《你是谁的人？》的文章，讨论了领导干部“圈子”的问题。文中认为，虽然“士为知己者死”，知恩图报、重义轻利等是中国优秀的传统文化，但是“古为今用”的前提是对其有正确的理解和把握。比如，对领导的信任、组织的任用，心存感恩，可以转化为工作中的动力，以业绩回报信任，靠实干回报知遇。而是对识人善任的“伯乐”常怀感激，亦是人之常情。但“同时须清醒认识到，对干部的任用绝不是某个人的恩赐，而是组织行为，领导的推荐提名是在履行选人用人之责，举贤为公是其分内之事。决不能把党组织等同于领导干部个人，对党尽忠不是对领导干部个人尽忠”。

邓小平同志说过：“小圈子那个东西害死人哪！很多失误就从这里出来，错误就从这里犯起。”任何小团体形成的关键都是共同利益的捆绑或分享，在加入小团体的那一刻，就已经脱离了最纯善的“感激”之情，而裹入了个人的利益和诉求。如果一个干部将大部分精力用于找老乡、找熟人、找门路，甚至找钱、找官，如何能做成政治上的明白人呢？

“找”字上面放一撇，就是汉字“我”。这说明人来到人间就是来找欲望的，小时候找奶吃，上学时找分数，成人了找钱找名找老婆。要想找到想要的东西，关键在于自己。自身的修养和本事，是一切的根源！

【扩展阅读】“不收钱的县委书记”陈行甲①清华讲话全文

尊敬的老师们，亲爱的同学们：

怀着激动的心情又回到母校，毕业十一年了，再回到这里，感觉一切

① 陈行甲，湖北省兴山县人，清华大学公共管理硕士，曾任中共湖北省巴东县委书记。2015年5月，荣获全国优秀县委书记称号并受到习近平总书记接见。同年夏天，他回到母校清华大学出席2015年夏季毕业典礼，并在毕业典礼上为即将毕业的清华学子做了演讲。

都是那么亲切。熟悉的老师们，有的虽然多了一些白发，但是在学生眼中睿智和亲和的感觉依旧；不熟悉的同学们，你们青春的面庞洋溢着多么动人的光彩，看着你们，就好像看到镜子里昨天的自己。祝贺你们，结束了人生的一个重要的阶段，到新的天地去展翅飞翔。

老师们安排我这个土得掉渣的老校友今天来和同学们交流，估计是看中了我这个基层代表的身份，可以帮同学们，特别是还没实质性迈出过校园的学术研究生们接接地气。所以我今天主要和同学们分享一些基层工作的体会。不妥之处，敬请老师和同学们批评指正。

一、希望同学们坚持做一个有信仰的人

黑格尔说过，信仰是完全属于一个人自己的内在的确定性。他揭示了信仰的特点，就是完全自觉自愿、不讲条件地相信。人总要在内心里相信些什么，给自己一个活下去和奋斗的理由，从而赋予自己人生的希望和向上的力量。说到信仰，头脑中总会浮现雪山之下，经幡飘动，那些虔诚的一步一匍匐的行者，在别人眼中，他们是苦行僧，在他们自己的心里，他们是充实幸福的朝圣者。

我是 1995 年 11 月入党的，20 年过去了，当初党旗下的神圣庄严感仍然在心底。我从内心里相信党，认同党的全心全意为人民服务的宗旨。人活着要吃饭，但是人活着不是为了吃饭，能够为他人活着，为需要你的人活着才有价值。

我是 2001 级公共管理学院首届公共管理硕士，那时，全国唯一的一个脱产班就设在我们学院。入学前，我是湖北省兴山县水月寺镇镇长，我是班上极少的来自最基层的代表。在学校里，我学习认真努力，各门功课都很优秀。我们毕业时，六十九个同专业毕业生仅有三个人毕业论文为校级优秀，我是其中之一。

京外的同学基本都选择了留京工作，我也拿到了一个很体面的单位的Offer，但是我最终选择了回到家乡。我觉得召唤我的最大的力量就是在乡镇工作时基层群众让我感受到的被需要的感觉。就是这种感觉，让我愿意有所放弃。这些年，我历任湖北省兴山县县委常委、宜昌市政府副秘书长、中国百强县宜都市市长，现在是国家级贫困县湖北省恩施土家族苗族自治州巴东县县委书记。十一天前，我作为全国优秀县委书记代表，有幸在人民大会堂受到习总书记的接见。

同学们马上踏入社会，或者说回到社会，你们一定会遇到很多在校园里想象不到的困局，会遇到很多的选择，面对十字路口时，大家要记着自己的初心，记得自己的信仰。这样，无论结局如何，至少你不会后悔。

二、希望同学们坚持做一个干净的人

同学们毕业于清华，将来是有可能“位高权重”的，无论何时何地，希望大家都要记着干净两个字的分量。

县委书记的权力是很大的，前些年曾经有个省级纪委的干部跟我深夜长聊时说，依他多年办理贪腐案子的经验，一个县委书记不需要主动要钱，只需要半推半就，一年收个百八十万不是什么难事。对此我是深有体会的。刚到巴东不久，就有人试图给我送20万元钱，还有人试图给我送江诗丹顿手表，这是我之前即使在中国百强县宜都当市长都从来没有接触到的事情。我在大会上讲，我走到今天，从来没有给宜昌的历任书记市长和组织部长送过一分钱，我也不会收大家的钱。但是，当年年底仍然有少数干部试图给我送钱，而且是我认为不错的干部。

我这次能得到这个殊荣，很大程度上来自我对干净的坚守。我希望将来我离开县委书记的岗位后，人们给我的标签是“不收钱的县委书记”。

回想我的从政经历，要保持个人干净，我觉得定力非常重要，经常在思想上给自己紧紧弦，面对诱惑的时候马上想后果，才不至于一失足成千古恨。

一是把人生看远一点。“日食三餐，夜宿一隅”，正确对待荣誉、利益，保持阳光的心态，在工作中找快乐，虚荣只会让自己活得很累。

二是把职位升迁看淡点。经常回看自己的起点，知足知止。不能因为做了一些职责范围内该做的事，没有被上级及时发现、及时提拔而心生郁闷、抱怨。组织不亏欠任何人的，别太把自己当根葱。

三是把名节看重点。我就希望自己不管走到哪里都有个好名声，好评价。当然，如果有干部和群众表扬我，我也得掂量一下，他说的是真心话，还是阿谀奉承，要知道自己是谁。如果是真心话，我会很高兴，也就会要求自己做得更好。节，是操守，是做人的骨气，做事的骨力。不在功利面前折腰，多看看“我为组织做了什么”，多想想“在群众中留下了什么”，对不对得起县委书记这个“尊称”，时刻反省自己有没有底气对全县干部发号施令。

三、希望同学们坚持做一个有爱的人

在这里，我想和同学们分享一点对爱的体会，和大家共勉。我上大学时候，就能熟背罗素的英语文章《我为什么活着》，他深深地影响着我的人生观。第一段话是：三种单纯而极其强烈的激情支配着我的一生。那就是对爱的渴望，对知识的追求，以及对弱势者的苦难难以遏制的同情心。

我工作的巴东是国家级贫困县，穷人多，很多还非常困难。全县还有贫困人口16.7万人；各类民政对象5.1万人，其中，农村低保22885户40024人，城市低保3652户7351人；孤儿240人；财政供养的五保对象（鳏、寡、孤、独）2655人，应保未保1200人；精神病患者1573人，其中重度患者721人；办证残疾人12409人；艾滋病人累计发现459人，现存活

197 人。面对这些沉重的数据，我心里很难过，内心觉得这就是组织对我的嘱托。

2011 年 12 月 1 日，我到茶店子镇竹林坪村，这个村 35 人患有艾滋病，基本不与外界联系，成了孤村。我要镇政府杀了一头猪，我亲自请全村的艾滋病人吃饭。我与 8 名艾滋病患者一桌，互相夹菜，一起喝酒，我当时就是想宣传艾滋病可防可控，这些人已经够苦了，他们不应该被歧视，让人们不再谈“艾”色变。后来，我与一个艾滋病孤儿结为“亲戚”，他当时 8 岁多，因为村民排斥无法上学，而且因为艾滋病症状发作已是满身疱疹。我公开承诺“只要我还在，只要他还在，这门亲结到底”。目前，他已被送到特殊学校上学，身体、学习都很好。

我到巴东一个月时间后，县委向全县发出了“干部结穷亲”号召。要求全县副科级以上干部都结一户“穷亲”。三年多来，全县副科级以上干部 1210 人，一般干部 137 人，企业家和社会人士 73 人，共结对贫困乡亲 1422 对，直接受益困难群众 4000 人左右。帮助这些极端弱势群众的过程，也深深撞击着广大干部的心灵，使他们深受教育。

“我们这些穷乡亲，在等待着我们！他们期待的目光，早已穿越万水千山、风霜雨雪，我们奔向他们的脚步，大地会聆听！人间最冷的不是冰寒，而是麻木！你不是太阳，但你可以发出比太阳更温暖的光！”这是我亲手为长江巴东网干部结穷亲栏目写的开篇语。今天，我也把这段话和师弟师妹们分享，我们一起做有爱的幸福的人。

就是我这个老大哥想和大家说的话了，期待你们都有光辉的未来，不负母校，不负青春！

第三节　情感交流背后的价值观传递

一、价值观是人和人之间最深的鸿沟

二十年前，信息的流通主要靠广播和电视，村子里的大片空地上支起一个大屏幕，男女老少茶余饭后就凑在一起看节目，不论看到、听到多么新奇的事，最后总能在村老的带领上达成统一的认识。而在当前的网络时代，似乎随便一条踩中一部分人痛觉神经的消息都可以把朋友圈、微博变成热闹的战场。有人热血沸腾慷慨激昂，有人嗑着瓜子出语相讥，也有人摇起扇子笑而不语。人和人的差距怎么就这么大呢？

这样的场景在每一次热点事件爆发时都会出现，不论是南海争端还是明星吸毒、出轨。在生活中我们不会随便和不熟悉的人谈论对某件事的看法，即使跟相熟的亲友也没有很多机会沟通。但是有了微博、微信朋友圈以后，我们的心就在不知不觉中对所有“朋友”敞开。饭桌上新结识的人，连名字和工作单位都不一定记得住，却可以通过查看我们过往分享或发表的文字与图片，猜测出我们的个性特征。网络世界里可能没有隐私、没有秘密。你转发的每一篇文章、每一段视频、每一则笑话，分享到群聊天里的每一张照片或截图，甚至发出的大大小小的红包、点过的成千上万个“赞”，都清清楚楚地表明了你的经历、你的观点、你的态度。不管是亲友爱人，还是一二十年没有见过面的中学同学，或者是曾经帮你租过房子的中介，都能够知道你心中所念。于是，你一不小心就成了一个“外向”的人。除非，你从不抒情、从不分享、从不点赞、从不参与群聊，但是这样好像就落伍了啊！

我们看到，很多人，特别是具有一定领导职位的人，在社交媒体上表现得十分谨慎。因为他们知道，你发出的每一条状态，不管立场如何中立公允，不管有多少人赞赏，必然会有另一些人不喜欢、不接受，甚至觉得受到了冒犯和伤害。哪些看着你的展示当作乐事、甚至调侃你的人，是善良的，而可怕的是有些人默默地看着你的“痴言妄语”，然后默默地嫉恨于你。

网络社交平台，给了所有人当宣讲家的机会，也给了所有人当看客的机会。当大家都在自由表达，观念的冲突就会毫无遮掩地暴露出来。于是我们发现原本志同道合的人竟然也有我们不能接受的理念。有的人给不同的朋友分了组，这样朋友圈里晒的内容似乎就不太容易引起冲突。可是这个世界如此之小，所谓的“分组可见”不过是掩耳盗铃。

美国人的社交礼仪里有一点就是，不随便问别人的宗教信仰和政治观点，这一方面是不礼貌的行为，另一方面也是为了避免不必要的冲突。比如在政治上，美国有民主党和共和党，两个党的许多政策都有着根本性的分歧，支持民主党的人和支持共和党的人也很难坐在一起心平气和地谈论跟政治有关的话题。而每到大选年，父子大打出手、朋友变成路人、夫妻一拍两散这样极端的故事就会屡见报端。甚至每隔四年，美国的媒体上都会集中出现“政治倾向不同如何保证家庭美满”之类的文章。比如《华尔街日报》就曾经刊登过一个真实的故事：有一对结婚多年的老夫妻，丈夫支持共和党，妻子支持民主党，夫妻二人在政治信仰上都很虔诚。某一年总统大选时，丈夫因在国外出差无法亲自投票，早早就把自己的选票填好交给妻子，请她代为邮寄出去。妻子为此苦恼了多日，不知道是应该忠于丈夫把选票寄出去，还是应该忠于党把丈夫的选票扔了，最后还是瞒着丈夫用行动支持了民主党。丈夫后来得知，记恨了妻子很久，直到四年后共和党胜出才释怀。

政治与宗教信仰的差异，是最典型的价值观差异。美国人投票选总统，大多数人真诚地相信自己选择的候选人能够维护国家利益和自己的个人利益。我国的南海问题也是如此。大多数人会同意南海问题的本质是国家利益问题，也没有人否认一个强大的国家和国民的个人利益是正相关的关系。但到底怎样的国家才算是强大的国家？到底怎样的国民才是这个强大国家的中流砥柱？嚷嚷着要抵制菲律宾、抵制美国、抵制全世界的人，以及叫嚣着要不惜一切代价打仗、“犯强汉者，虽远必诛”的人，到底是在维护国家利益还是反过来损害了国家利益？这些思维模式的背后，反映了一个人的价值观。

人与人之间，引起争吵的话题各有不同，但归根结底是价值观的差异。价值观是最抽象也最具体的东西。价值观体现在每一个细节里。对某个事件的看法，对某个人的评价，某本书或者某部电影的好恶，都可以把你和一些人紧紧联系在一起，同时又把你和另一些人泾渭分明地分开。

二、领导是价值观的传播者

情商不是万能的，它只是一种能力，让我们能够做出最合宜的反应，但是究竟什么是最合宜的反应，则由我们的价值观决定。

这也是为什么领导者一定要特别重视组织文化的培育和管理。一个组织的文化，就是组织成员共同认可并遵循的价值观。价值观不同的人很难组成一个目标一致的集体。因此领导者需要尽最大努力把价值观相同的人才网络到一起，同时尽最大努力把组织的价值观灌输给每一个组织成员。

怎么灌输呢？发手册、开大会、搞培训是最常用的方式，却不见得是最有效的。价值观作为一种内存于心的理论体系，需要在沟通与交流中进行辨析，在工作实践中进行检验。

因为一个人的价值观根深蒂固，由他的心态、眼界和思考能力综合决定。就像是网上流传过的一句话说的，“无论挣了多少钱，当了多大官，出了多大名，读了多少书，甚至去了多少国家，在国外待了多少年，骨子里的东西，包括狭隘无知的境界，都是难以改变的”。

对于不一样的部分，就需要试着去尊重和理解。这听起来有点荒谬，做起来也有点困难，但如果你愿意冷静地想一想对方生活在什么样的环境里，从小接受了什么样的教育，走过了什么样的一条路，那他有那样的看法、眼界、观点和价值观，就不是那么让人不可思议难以接受的一件事。对于价值观和我们不一样的陌生人，我们可以挥挥手就此别过，但对于亲近的朋友家人，这样的理解也许是唯一能够不影响彼此关系的做法。

世界上没有两片完全相同的叶子，即使默契如夫妻、挚友，也有各自引以为豪的棱角。对于一般的生活价值观，不能改变的就相互理解，使之慢慢成为生活的情绪。但是对于核心价值观，则不能报以所谓“求同存异”的态度。每个团体、组织、社会以及我们的国家都有自己的核心价值观，核心价值观不同的人，难以组成稳定、高效的集体。领导者的主要工作之一——组织文化建设，其实就是组织内部核心价值观的塑造与统一。

那么在一个组织中，领导者应该传播什么样的价值观，又如何去传播呢？《人民日报》曾经刊登过中组部“笔杆子”徐文秀的一篇关于机关单位“潜规则”的文章。他在文中阐述了组织中人际关系的指导原则，其中最重要的两点是：

1. 构建简简单单、清清爽爽的同志式关系

在过去相对长的一段时间里，一些人信奉“多个朋友多条路”“朋友多了好办事”，或相信“公章不如私章”“原则不如老乡”，把人与人、同事与同事之间的关系搞得庸俗低俗粗俗。平时得“送点”，节日得“打点”，或经常聚在一起吃点喝点、拉拉扯扯，或打牌搓麻将、洗脚桑拿，或热衷

搞什么“同学会”“战友圈”“乡友帮”，甚至热衷“拜大哥”，搞江湖式的“金兰结义”，等等。于是，不少人“酒杯一端，政策放宽”，不讲原则只看私交，等距离的同志式关系变异成零距离的“小兄弟”关系。

善处世重人情不等于搞私恩，既要懂世故又不可以太世俗。

健康的人际关系如阳光传递温暖、传播正能量，似雨露润物无声、滋养心田。君子之交淡如水。人与人的交往，既不要刻意走得太近，又不要走得太开，这样才能走得很远。正所谓以心相交，方能成其久远。特别是，“我们都是来自五湖四海，为了一个共同的革命目标，走到一起来了”，更应该大力倡导同志式的人际关系，让人际关系更纯粹些、更简单些、更阳光些。

2. 构建规规矩矩、平平常常的上下级关系

有的人习惯看领导的脸色说话办事，甚至一味地把领导的表情当心情、嗜好当爱好，吹吹拍拍会来事；有的甚至削尖脑袋攀高枝、抱大腿，找靠山、寻背景，拜码头、进圈子，甘当“家臣”“走卒”“伙计”和“马仔”，搞人身依附那一套。这是封建社会君臣关系的“现实版”。以势相交，势败则倾；以权相交，权失则弃。这样的关系迟早会出事，落个“树倒猢狲散”的结局。上下级相处是一门学问，应该有合规合纪的相处之道、合情合理的相处之术，对上从道不从上、唯实不唯上、跟理不跟人；对下护人不护短、关爱不溺爱、靠团队不靠团伙，把上下级关系想透了、理顺了，就不会把自己弄得左顾右盼、患得患失。

领导者自己是什么样的人，下属就崇敬什么样的人；领导者重用什么样的人，下属就扮作什么样的人；领导者认为当领导的感觉应该怎样，组织的氛围就怎样。

CHAPTER 07

第七章

高情商从哪里来

情商从哪里来？从生活中来、从历练中来、从苦痛中来。你的眼神里，刻着你吃过的苦。因为懂得，所以宽和；你的气质里，藏着你走过的路。因为放下，所以自由。别去找寻什么捷径和速成之法了，多用点心，让代价不白费，就是最有效的情商训练法。

第一节　让情商匹配职位

一、管人就是管情绪

管理人的本质就是管理情绪。因为人情绪正常的时候，理性自然会引导他的行为。

风靡全球的美国电视剧《纸牌屋》以政治为题材，讲述了一个冷血无情的美国国会医院与他同样野心勃勃的妻子在白宫中运作权力的故事，其中一些对人心、人性的展现值得玩味。比如在第一季里，老谋深算的职业政客弗朗西斯安排菜鸟政客罗素参加竞选州长。竞选活动启动前，需要先向公关专家坦承自己的软肋，做公关预案，而弗朗西斯则借此机会展示了如何“管理”他人的情绪。

公关专家在两分钟的时间里向罗素连续发问：“你对前妻做过不好的事情吗？你吸毒吗？胳膊上有疤痕吗？你召妓吗？有未成年人吗？”一连串艰难的问题让罗素无法掩饰、更难以面对。不到一个小时，罗素情绪崩溃，冲出了办公室。于是弗朗西斯出来找罗素，帮助他解决情绪问题。这种时候，一般人的做法可能是给罗素讲道理，或者安慰他，而弗朗西斯只是简单表示了对罗素的理解，就让他回去休息了。然后，伍德找到了罗素的女友，请她做罗素的竞选助理。在女友兼助理面前，罗素袒露了自己真实的想法，他对竞选州长打了退堂鼓，因为害怕自己的孩子们看到父亲卑劣的一面。女友理解罗素，鼓动罗素的壮志与野心，而罗素也不想在女友面前丢脸，最终重新回到了竞选轨道上。

弗朗西斯的聪明之处在于，他看懂了罗素的情绪，看出他除了难堪之外内心还有忧虑，甚至有可能在冲动之下放弃竞选。这个时候任何道理都是讲不通的，或者听不进去的。最好的做法就是向弗朗西斯一样，淡化眼前的冲突，转移注意力或者休息一下，让对方从情绪高点上自己降温，平静下来。然后，找一个最没有危险性、同时最具有影响力的人，来跟对方沟通，并影响对方的决策。

有一个笑话，小孩儿问父亲：“什么叫政客？”父亲回答说：“政客就是挖坑让别人跳。”同样，我曾经问过很多不同层级的领导者，什么是领导，其中一个特别有意思的答案是：领导就是影响别人的认识、判断和抉择。这个影响，不仅仅是说理，甚至对于具有较高素质的成年人，说理可能是最难见效的一种影响方式。人世间的难题，如果可以靠谈逻辑讲道理解决，那也就不成难题了。

你的下属之所以能够成为你的下属，往往是因为他已经具备了一定的知识水平、思维能力以及工作经验。你的下属之所以依然是你的下属，因为他总是想不通或者想通的太慢太晚。是什么阻碍了他呢？是情绪。我们都知道，领导者希望员工有更好的工作表现，就要调动员工的积极性。什么是工作积极性呢？其实很简单，就是想工作，愿意工作。想工作，因为工作可以提供自己需要的东西，工作可以满足一定的欲望。愿意工作，因为工作不让人心烦。没有任何一项工作是让人百分之百称心如意的，再好的工作也有让人沮丧的时候，情商高的人会说服自己“愿意工作”，情商低的人需要领导指引他“想工作”。

因此，管人就是管情绪，培养人就是培养情商。

二、给情绪找一个合适的出口

这是心理学工作者在与很多领导者沟通时，发现的共同问题。我们的很多处于领导岗位的人，尤其是初创企业或部门的领导者，没有情绪的出口。

他们承受着巨大的压力，每天心情都在极高峰和极低谷间抛来甩去。前一天精神振奋觉得一定成功，后一天深受打击却无路可退。而且，这种没完没了的像过山车一样的心情，没法和团队说，没法和股东说，没法和老婆说，更没法和父母说。

他们很多是名校的高才生，掌握的知识和技能数都数不过来，却从没有人教过他们如何疏解自己的情绪。学校的课程只有理性和逻辑。即使如今披上了素质教育的外衣，骨子里却依然唯成绩论英雄。这不仅是教师的局限，更是家长的局限。时至今日，大多数家长对于孩子在校的表情，最关心的依然是学习成绩的高低。即使有少数家长关注到孩子的综合素质和学校生活体验，包括情绪上的波动，也是以说教、反复讲道理为主。而我们都曾有体会，绝大多数时候，家长的道理都是一厢情愿的甚至霸道的，不会考虑到孩子的接受程度，也不知道如何让孩子接受。

阅读了前面的章节，我们知道，情绪产生在理性之前，情绪覆盖在道理之上，只有疏解了情绪的洪水，理性才会浮出，真正解决问题的办法才可能出现。

很多领导者反思自己初当领导的时候，管人的能力很差。因为他只会一招——讲道理。这就是情商低的一种表现。反过来，情商高、会管人的领导，就是善于觉察情绪并干预情绪。我们都喜欢和情商高的人相处，因为很轻松，他解决了大家的情绪问题，就相当于解决了至少一半的工作量。所以，最初跟着马云创业的人，工资低还加班也不愿意离开，因为马云情商高，能让人在一无所有的时候不仅不沮丧，反而满怀希望地工作。

高情商的领导者怎样解决情绪问题呢？他们会给聪明的下属一定的空间，自行处理；给想不通的下属一定的时间，让他成长；而对于因情绪问题而影响工作的下属，领导者自身没有时间精力一一做通思想工作，可以聘请专业的心理咨询师，甚至建立员工心理帮助系统，用机制来解决问题是最长效的。

三、学会让别人感觉舒服

职场上，有这样两种截然相反的人。有人生怕别人舒服，尽量让别人不舒服，而只要自己舒服就行。还有一类人生怕别人不舒服，尽量让别人舒服，哪怕委屈自己。

曾经跟做猎头的朋友聊天，他们所猎聘的老总年薪有几十万的，也有几百万的，甚至还有过千万的。笔者问朋友对这些老总有什么感觉，他的回答是："越是高薪的老总越会让你感觉舒服。跟千万年薪的老总谈，无论我说的话是酸甜苦辣还是其他味道，他们都能把每一句话平缓地接起来回答，从不让一句话落地或磕碰，让人感觉非常舒服。"

长江 CEO 班的一位学员讲述了李嘉诚请吃饭的故事：

班上30多个同学，包括马云、郭广昌、牛根生等国内大家认为很了不起的人物。有一次，班上组织大家去香港见一次李嘉诚，他可谓华人世界的超级大哥了。

没见面之前，我心里就已经有了个情景假定，比如约会时衣服要穿整齐等。当时我就想，见老大哥相当于见领导，一般我们见这种人，可能第一见不到大哥先见到椅子、沙发；第二伟大的人来了，我们发名片人家不会发名片；第三人家跟你握手然后你站着听讲话，就像我们被接见，在人民大会堂听讲话我们鼓掌就完了；第四吃饭肯定有主桌，大哥在那里坐一下、吃两筷子说太忙先走了；第五我们很激动，回来写感想。

结果这次见面完全颠覆了之前的想法。

电梯一开，在长江顶楼上，七十多岁的大哥站着跟我们握手，这样的开场很不一样，我有点愣。其次，一见面大哥先发名片，这个也很令人诧异，而且发名片时还给你递过来一个盘子，递盘子干吗？抓阄，盘子里有号，拿名片顺便抓个号，这个号决定你吃饭的时候坐哪桌，避免到时候我们这些同学为谁坐1号桌、谁坐2号桌心里有想法。后来才知道，照相也根据这个号，站哪儿就是哪儿。我觉得挺好，大家避免尴尬。

站好之后，我们就鼓掌，希望大哥讲话。大哥说没准备讲话，但这时候大哥不讲，我们这些小人物角色就演不下去，所以必须让他讲，这个经历经常有。最后大哥说："我没有准备，我只讲八个字——创造自我，追求无我。"

什么叫追求自我？你在芸芸众生中，把自己越做越强大，自我膨胀，超越别人，这个过程就容易给别人以压力。因为你强大了之后很强势，就像你老站着，别人蹲着，别人就不舒服。所以你要追求无我，让自己化解在芸芸众生中，不要让别人感觉到你的压力。一方面创造自我，另一方面让自己回归于平淡，让自己舒服也不给大家制造压力。

听完讲话我们开始鼓掌，然后开始吃饭。我运气不错，抽到了跟大哥一桌。我当时想，和大哥这么近，吃饭可以多聊一会儿，所以开始没着急说话，没想到吃了十几分钟大哥站起来说："抱歉，要到那边坐一下。"这时我们才发现，四张桌子，每个桌子都多放了一副碗筷，他每个桌子都坐。一个小时的吃饭时间，他四个桌子轮流坐，而且几乎都是15分钟，到这时，大家都被大哥周到细致的安排感动了。

大哥把每个桌子转完基本也就结束了，结束之后他没先走，逐一跟大家握手，在场的每个人都要握到。当时墙角站着一名服务员，大哥还专门跑到那里和他握手。这时候我想起他的一个演讲，问他有没有关于这个演讲的书，但大哥当时没准备，于是他交代给下面一声，结果下车的时候那本书就送到我手里了。整个过程让我们每个人都很舒服。

这就是大哥之所以成为大哥的原因，这就是他的软实力。他具有一种看不到的能力，这个能力是价值观，用他的话说就是追求无我，他让每个人都舒服。后来我跟我们班班长提到这事，他说老先生就是因为做人周到真诚，所以很多人到了香港都愿意和他做生意。

南怀瑾说，人有三个基本的错误不能犯，一是德薄而位尊，二是智小而谋大，三是力小而任重。能干的人，不在情绪上计较，只在做事上认真；无能的人，不在做事上认真，只在情绪上计较。本事不大，脾气就不要太大，否则你会很麻烦。能力不大，欲望就不要太大，否则你会很痛苦。

如果能谨记这些教诲，正确认识自己，再用一些心思体谅他人，尽量不让他人难受，那么您一定是一位受欢迎的好同事、好伙伴、好领导！

第二节　让情商超越年龄

随着年龄的增长、阅历的增加，人在人情世事上会更加洞察、练达。那些对于年轻人来说天翻地覆的风与浪，到了老前辈面前却很难引起情绪上的波动。这真是一种令人仰慕的人生状态啊！但是，并不是所有的老人都心性平和，也不是所有的年轻人都同样心浮气躁。尤其是年轻的领导干部，必须拥有超越年龄的情商。

一、年轻干部的情商指标

判断年轻干部能否挑重担、干大事的一个重要指标是，在性情修为方面能否从急躁走向稳健。急躁情绪无论是来自主观还是来自客观，也无论是意在积极还是意在消极，对工作的影响都是有害无益的。年轻干部有时为快出政绩而急躁冒进，有时遇任务繁杂自己又无科学安排而急躁发牢骚，有时上下结合不好而急躁应付，有时静不下心、沉不住气或一知半解、先入为主而急躁武断，这些都是不成熟的具体表现。稳健型的干部一定是说话有理、决策有据、落实有方、推动有力、控制有节、管理有章、服务有情。考察干部是否从急躁走向稳健，必须从这些方面仔细了解和分析判断。

另一个重要指标是，在成长成才方面能否从个性走向共性。个性成长逐步被共性成长所取代，个体逐渐融合于组织、融合于社会、融合于群众，是干部成才成长的一般规律，也是干部成熟的特质表现。凡是个性强、共性弱的干部，在带领和带头方面都会存在这样或那样的问题，只有完成了从个性向共性的转化，对人对事和对名对利胸襟宽、容量大，才能具备内化的集体主义感和组织荣誉感，这样的干部才能真正在工作中做到与群众、与同事、与领导、与下属团结共事，也只有这样的干部大家才能容纳他、接受他、支持他、帮助他、维护他，从而营造出干事创业的团结和谐氛围。

二、年轻干部如何修炼情商

如果走过的路、踩过的沙不足以打磨出足够出众的情商，就需要我们主观上更加积极努力地去修炼情商。根据第一章中所讲 Daniel Goleman 的情商混合模型，从情商的要素出发，可以为我们的修炼提出一些有价值的建议：

1. 自我觉察

在你做任何事之前，你要知道自己的情绪是怎样的。意识到你所面临问题首先需要提升“自我觉察”能力。下面是提高“自我觉察”能力的一些方法：

（1）做笔记的习惯

在每天结束之际，记录下你所遇到的事情，你的感受，以及你是如何处理它的。定期回顾你的笔记并注意，什么时候、什么情境下你对事情出现了过度反应或倾向。一段时间之后，你会看到自己的成长。

（2）他人反馈

他人的反馈具有独特的价值。多问几个了解你的人，你的优点和缺点是什么，并记下他们的话。最重要的是别与他们争论，每个人都可能戴着有色眼镜看人，所以他们也不一定正确，但是你需要通过别人的观点审视自己。

（3）冥想

激烈的情绪会夺走我们的注意力和判断力。当一种情绪让我们难以自已的时候，可以尝试通过冥想让你的大脑慢下来，给情绪一个喘息的时间。

冥想的方式可以是静坐、发呆，也可以是独自散步。通常半个小时的冥想，就可以帮助我们找回思维的节奏。

2. 自我管理

一旦你知道自己的情绪是如何工作的，你就可以开始对其加以驾驭。正确的自我管理意味着控制情绪的爆发，辨别外部的激发点与内部的过激反应，以及采取你最需要的行动。

管理情绪的一个关键方法是改变你的感觉输入。你也许听说过这样的建议：在你生气的时候数三个数。这个方法对于有些人可能有用，但是对于真正的急性子，生气的时候早就忘了这一茬了。最为有效的控制感觉输入的方法，其实是习惯。习惯成自然。心理治疗中对患有恐惧症的人采用暴露疗法，就是帮助患者一点一点习惯他所恐惧的事物。所以，不要害怕情绪的爆发，也不要为自己情绪不够平稳而沮丧，你可能只是经验还不够丰富。

3. 共情

关注到自己的情绪相对容易，但是关注到他人的情绪更为重要。所有与我们有关的人，都有自己的情感、欲望、情绪触发点和恐惧。共情可能是我们处理各种人际关系时最重要的能力。

（1）闭嘴倾听

这是最难也是最重要的一项。人都是以自我为中心的，所以多数人喜欢表达远胜于喜欢倾听，对于自己熟悉的、感兴趣的人和事听不进去，对于自己不熟悉的、不感兴趣的人和事听不下去。但是，闭嘴倾听是了解他人最好的方法，也是让他人感受到真诚与尊重最好的方法。

（2）换位思考

俗话说，屁股决定脑袋。如果不挪动一下屁股，可能永远都无法看到别人眼中的风景，也无从理解别人口中的道理。

（3）尝试理解

理解是共情的关键。如果你发现自己经常说："我知道，但是……"这意味着你没有真正的理解。理解他人，需要倾听，需要换位思考，需要情感的酝酿。完全理解他人几乎是不可能的，但是努力尝试之下，走近甚至走进他人的内心世界是可能的。

罗杰斯说："对于从别人那里听到的大多数陈述，我们的第一反应就是对此做出直接的评价或判断，而不是去理解它。当一个人表达了某种感受、态度、信念，我们倾向于不假思索地认为：那是对的；那是愚蠢的；那是不正常的；那是不合理的；那是错误的；那是不友好的。我们很少容许自己去仔细地理解他的陈述对他本人来说究竟有什么意义。我认为，这是因为理解会带来风险。如果我让自己真正去理解另一个人，我或许会被那种理解所改变。我们都害怕改变。"

理解其实是以一种双重的方式丰富自己。

4. 动机

认知神经科学研究发现，只有当你想去实现某个你认为有意义的事情时，你的前额叶皮质才会亮起来。无论你的目标是创业、成立家庭还是艺术创作，当你的动机在为你服务时，它就会以具体的方式将你与现实联系起来。用哲学的话说，这就是所谓人的主观能动性的体现。

戈尔曼建议，为了充分利用自己的动机，首先你要识别自己的价值观。我们许多人都太过于忙碌，无暇检视我们究竟具有什么价值观。更有甚者，长期从事着有悖于自己价值观的事情，结果彻底丧失了真正促进工作的宝贵动机，时间久了，沦为工作的奴隶，因找不到自己的价值而陷入抑郁和焦躁情绪。

人的动机可能很复杂，也可能很简单，动机的冲突实质上都是价值在比拼，因此所有的纠结、焦虑、抑郁，都是价值丧失的后果。

5. 社交能力

社交能力是情商最综合的体现，它涉及戈尔曼的混合模型中的所有范畴：自我觉察、自我管理、共情与动机。如果想知道自己的社交能力怎么样，看看自己是否能够化解自己的、他人的冲突，就知道结果了。如果年轻领导要提高社交能力，就不要惧怕潜在的冲突，越是冲突爆发的情境，越能快速提高社交能力，当然也可以快速拉高整体情商。

第三节　情商与终生幸福

一、理解他人的人更长寿

根据美国加利福尼亚州大学圣迭戈分校医学院的一项新研究，年长妇人、“勇敢”的人与最近经历过重大伤痛的人，最可能对陌生人产生悲悯心，而富有同情心的人则在晚年时更健康幸福。

据报道，研究人员说，由于同情心行为与年老时健康与幸福感状态较佳有关，他们的研究结果能对如何协助缺乏同情心的人提供见解，因为缺乏慈悲心可能让他们变得寂寞并在晚年陷入孤立。

加利福尼亚州大学精神医学系教授、研究报告共同作者艾勒 (Lisa Eyler) 博士表示：“任何能协助老年人更成功老化的方法，我们都有兴趣。”她说：“我们知道社会联结对健康与幸福感来说很重要，我们也知道想对其他人友善者，能获得更大的社会支持。”她还提到：“如果我们能培养人们的慈悲心，我们就能增进他们的健康与幸福感，甚至让他们更长寿。”这项研究是根据对圣迭戈郡随机挑选的 1000 多名成人所做的调查，研究对象都超过 50 岁，年龄中位数是 77 岁，这项调查认定能预测个人自称同情心程度的 3 项因素，即性别、最近承受的苦难与高度的心理强韧度。

二、好情绪就是最好的养生

传统养生学理论认为：“愤怒伤肝，恐惧伤肾，好乐伤心，忧患伤肺。”即容易发怒、容易发脾气或脾气不好的人，便是肝气不平和的现象。容易害怕，胆小怕事，便是肾气不平和。嗜好过分，特别如饮食、男女方面过分，可使心脏有问题。多愁善感，或遇家庭问题等其他变故，心多忧患，便由肺气不平和开始，影响内脏健康。

最新的医学研究证实，意念会影响健康。

美国的戴维·霍金斯博士是一位医生，他研究发现：“人的意念振动频率如果在 200 以上就不生病。”霍金斯博士认为，凡是生病的人一般都有负面的意念，他们喜欢抱怨、指责、仇恨别人，在不断指责别人的过程当中就会削减自己很大的能量。这些意念的振动频率低于 200，这些人容易得很多不同的疾病。

振动频率也就是人们常说的磁场。霍金斯博士说：“很多人生病是因为没有慈悲心、爱心、宽容柔和等，只有痛苦和沮丧，通常这些病人的振动频率低于 200，容易得很多不同的病。”甚至只要看到病人，就知道这个人为什么生病，因为从病人身上找不到任何一个和爱相关的字词，只有痛苦、怨恨、沮丧包附着他全身。俗话说，“性格决定命运”，如果说“运”代表成败，那么“命”就包含了命数。性格不好的人，情绪状态一定不好，身体状态也很难好起来。

霍金斯博士说他做过百万次案例，在全球调查过不同人种，答案都是一致的。只要振动频率低于200，这个人就生病。200以上的就没有病。

振动频率在200以上的意念通常表现是：喜欢关怀别人，慈悲心、爱心、行善、宽容柔和等这些都是高的振动频率，达到400到500。相反，喜欢嗔恨、发怒，动不动指责、怨恨、嫉妒、苛求他人，凡事自私自利，只考虑自己，很少考虑他人感受，这些人振动频率很低，这些低的振动频率也是导致癌症、心脏病等疾病的原因。他从医学角度告诉人们，意念这个东西虽然难以把握，甚至有些许玄幻，但是意念对人的健康确实有非常大的影响。

古人说，大德者寿，就是这个道理。积极乐观的人，不仅拥有较多正能量可以传递给他人，同时也更容易吸收到他人传来的正能量，这是健康不可或缺的要素。

C H A P T E R 0 8

第八章

情商激发团队斗志

美国文学家拉尔夫·沃尔多·爱默生曾经写道：人生短暂，不要虚度；不要在怀疑与恐惧中浪费生命；不要争吵，不要谴责；夜幕就要降临；起来！牢记自己的目标；上帝会催你奋进！

第一节　从下属情商看领导

在做调研的时候，我常常会请访谈对象讲一讲他职业生涯中的贵人。几轮访谈下来发现，这个“贵人”往往出现在他微末之时，除了发现他的才能，或是帮助他解决个人难题之外，更重要、更普遍的一点是，这个贵人通过言传身教让他领悟到应该如何做一个领导，特别是如何关心下属的需要，如何发掘下属的才能，如何为下属提供发展的平台。

在社会这个熔炉里，在组织这个课堂上，领导就是下属的榜样。

在一次聚会中，国内某知名私企的老总半吐苦水半炫耀地说，他每年都要给员工涨30%的薪水，要不然就留不住人，多付一些薪水，总比全用新人要好。于是大家纷纷夸赞他经营有道，对下属大方，也重视人才。实地去过他的企业考察，发现每一个员工都很勤奋，同时心态很阳光，员工之间虽然竞争激烈但是氛围友好。这种观感，与这位老总给人的印象基本一致。

我在调研中经常问到的另一个问题是，你喜欢什么样的下属。结果发现，在评价和提拔下属的时候，有些领导会把忠诚可靠放在第一位，有些领导会把能力强善于解决问题放在第一位，有的领导会把勤勉进取放在第一位，也有的领导把听话顺从放在第一位。领导的喜好会影响下属的发展方向，也在很大程度上反映除了领导自身的个性特点。自信的领导喜欢能力强的下属，人缘好的领导喜欢勤勉的下属，责任感强的领导喜欢人品好的下属，权力欲望重的领导喜欢听话的下属。

好的领导不仅管理下属，而且栽培下属，就像对待自己的孩子一样，有爱心，也要有耐心，期望他成绩好有出息，更期望他心态好拥有长久发展的基础。当好领导，就像做好家长一样，不容易，是一种需要摸索的艺术。有以下四方面的建议，可供参考：

◎授人以鱼：给员工与其能力相匹配的钱。

◎授人以渔：教会员工做事情的方法和思路。

◎授人以欲：激发员工上进的欲望，让员工树立自己的目标。

◎授人以娱：把快乐带到工作中，让员工获得幸福。

下属的工作状态是领导管理能力最直接的体现，下面几种管理者与下属工作状态的总结，虽不准确，但是不妨对照自身查找问题，加以改进：一流管理者：自己不干，下属快乐地干；二流管理者：自己不干，下属拼命地干；三流管理者：自己不干，下属主动地干；四流管理者：自己干，下属跟着干；五流管理者：自己干，下属没事干；末流管理者：自己干，下属对着干。

管理者“干”与“不干”并不仅仅体现为表面的工作时间和工作节奏，

前面三种管理者的“不干”不等于不作为，而恰恰是善作为，甚至是功夫在八小时之外的一种体现。后面两种管理者的“干”，体现了管理者的辛苦，却往往事倍功半。

第二节　为团队注入积极的认知

在这个世界上，不缺教育，缺教化；不缺教师，缺圣人。

据调查，职场上 70% 的人不快乐，90% 的人郁闷，90% 的人是“祥林嫂”，90% 的人讨厌办公室文化，90% 的人处于亚健康状态，抑郁症患者每年增加 1.3%。“今天的人可能什么都不缺，唯独缺少快乐。物质在丰富化，心灵却在沙漠化。建筑越来越坚固，人却越来越脆弱。这就是数字化时代，人造数字，数字压垮人。”清华大学经济管理学院教授吴维库这样评价。

一、有容乃大

大海，来自每一滴水。让我们来看看“海”字的写法：“海”，来自“每”一滴“水”。是一滴又一滴的水，汇聚成了一片汪洋大海。成就人生的大海，也要从“一滴水”又“一滴水”般的小事开始，做好了那些小事，才能成就人生的伟大。

反过来说，大海之所以博大，是因为可以包容含藏“每”一滴“水”。如果是一个小水洼，能容的水就有限。这就是“有容乃大”，告诉我们谦虚包容才能大成的道理。

二、人格并非固定不变

在人的一生中，人格特质并不是始终不变的，最近越来越多的研究证实了这一点。人们曾经认为，只要一个人长大成人，大脑里就不会在形成新的联结。有研究发现，人类的大脑并不是完全静止的，实际上神经的可塑性使它一直在悄悄地改变着，甚至在晚年也没有完全停止。大脑不仅会在遭遇前所未见的事物时形成新的突触，甚至还会因为某个意外事故，而赋予所有相关区域新任务进而建立新联结。另外，研究发现，失去某种感觉的人，原本负责这种感觉的脑区会被用来执行其他任务。也就是说，我们的大脑只要脑细胞还有活力，就会一直根据需要进行微调。这种微调不仅表现为认知功能上的改变，也体现为人格的缓慢调整，后者通常被我们理解为人的成长与成熟。美国研究者在 2000 年分析了包括 3.5 万名受试者在内的 150 多项研究，得出了这样的结论：在人生过程中，人格特质会随着时间变化而改变。这一结论也得到了后续的研究证据支持。

三、缺乏韧性的人改变的潜力更大

心理复原力的概念与组织复原力近似，都是指经历创伤之后自我修复、自我成长的能力。心理复原力也可以称为韧性，不是不撞南墙不回头的“任性”，也不一定是百折不挠的执着，而是事可败、人不可垮的坚强。心理复原力往往很早就形成了。如果一个人在童年早期就已经获得了相关的特质与能力，那固然很好；然而，如果到了二三十岁或者更年长的时候，突然意识到自己比别人更敏感，更难承受生活中的一些挫折与困难时，他还是能有机会做出改变，强化自己的韧性。

具有韧性的人不仅在心理方面比较稳定，在许多人格特质方面也一样如此。韧性或许能够促使一个人的人格保持稳定，因为心理强韧的人可以妥善地适应环境的变化，对环境的改变更具掌控性。相反，对于缺乏韧性的人而言，改变的潜力或许会更大。

2009年10月，美国军方决定进行一项大型的“全方位士兵强健计划”，超过一百万名士兵参与了这项计划，希望借此让自己的心灵免受战争的创伤。这项计划的幕后推手就是美国积极心理学家塞林格曼教授。他认为，心理抵抗力的关键在于乐观；仅仅拥有开朗、积极、热爱生命的态度不足以创造出一个人的韧性，而信心，特别是不让自己被打败的信心比其他特质更能让心理变得强韧。

在这个韧性强化计划中，每个参与的士兵每年都需要填一份心理健康状况的问卷，来评估他们在整个训练计划之中心理状况的变化。根据评估结果，心理抵抗力不佳的士兵可以选择寻求专业心理辅导，也可以选择参加由塞林格曼设计的线上训练。赛林格曼在他的训练项目中向士兵们展示乐观的人是如何思考的。如果能够学会乐观者的思考方式，就可以提高自己在困境中的抵抗力。15个月后，美国军方公布，受过训练的部队在韧性水平上明显高于其他部队：士兵在情绪与社交的健康状况上得到了大幅改善，并且较少产生自我毁灭的想法。士兵们也很欢迎这项计划，半数以上的士兵表示这是军方所提供的最好的一项课程，也能帮助他们克服个人生活方面的诸多问题。

第三节　逆境中的领导力

很多人都说，顺境似乎总是少于逆境。因为人在顺境中感觉过得快，而在逆境中因反复纠结挣扎而在心中留下更多痕迹。逆境是对领导的考验，也是发挥领导力的最好契机。

一、逆境对领导者的考验

当个人在工作与生活中遭遇逆境的时候，有的人可能会失去信心、选择放弃，有的人可能会郁郁寡欢、僵硬地坚持，也有的人可能会“殊死一搏”，鱼死网破在所不惜。任何一种做法背后都有充分的理由，但是最理性的做法却是抬起头来重新确认正确的方向，然后默默耕耘、低头赶路。能够做到这一点的，是拥有人生智慧的强者；不能做到的，是普普通通的“性情中人”。

当团队在发展过程中遭遇逆境的时候，有些人会打退堂鼓、给自己找退路，有些人会怨恨领导、怨恨同事，在工作中敷衍甚至搞破坏，也有些人整日忧心忡忡而不得法。原本平静和谐的组织，因为每一个成员内心的不安、惶恐或失望、不满，逐渐凝结成焦虑浮躁、矛盾一触即发的火药桶。这个时候领导者就必须要“挺身而出”了。

逆境中，领导者要面临组织外和组织内双重的考验。组织外部的考验是显而易见的，通常说“逆境”都是指外部环境严峻，甚至面临生存危机。外部环境的考验在于形势往往错综复杂，难以把握，即便正确预判了大势所向，也难以预知寒冰期究竟有多久、外部环境是否有足够的空间可以坚持到彼时。组织内部的考验主要就是逆境中人心的浮动，最简单的例子，给员工分配少量股份本是对员工的奖励和长期留住员工的方式，但是当公司股价连续下跌时，持股的员工怨言也会更大，他们虽然不会轻易离职，却很容易给团队带来负能量。逆境中的组织如果有分解、重组的风险，很容易引发或引爆组织内部的小团体争斗，瓦解领导者的领导力。

班固在《汉书》里面说过这样一句话：“善师者不陈，善陈者不战，善战者不败，善败者不亡。”意思是，具有军事才能善于用兵的将帅并不以发动战争为最终目标，善于布阵的将帅根本不用向对方发起攻击就能获胜、不以兵戎相见为乐事，善于指挥战斗的人则能永远立于不败之地，善于总结失败教训的将帅则不会被敌方所消灭。一个具有足够智慧和担当的领导者，无论身处顺境还是逆境，都能明晰团队的首要目标，维护整个团队的根本利益，甚至越是面对逆境，越能看到获胜的希望，越能团结所有的同伴，越能找准突破困境的最优方案。

能够带领团队走出逆境的领导者，就是真正的精神领袖。

二、长征中的逆境领导力

说到逆境中领导力的体现，红军长征的故事可能是最好的案例之一。《求实》杂志在 2016 年 12 月转载了北京大学国家发展研究院教授宫玉振发表于《廉政瞭望》杂志的一篇文章《长征中的逆境领导力》，他从红军长征的历史中归纳出逆境领导力的五个核心要素：以舍为得、因势利导、灵活机变、坚定信念、价值驱动。

以舍为得是指，在不利的环境下，为了维护全局的、长远的利益，往往必须果断地牺牲局部的、暂时的利益。逆境中的组织要想保全自己，就必须有敢于放弃、敢于收缩的勇气。宫玉振特别强调，在逆境中，活下来才是王道。在逆境来到的时候，关键是要理智地承认处于逆境的事实。当形势的发展已经超出自己能控制的范围，就必须以壮士断腕的勇气，发展出一套撤退与收缩的战略，不能因为感情难以割舍的因素而影响了理性的决策。

因势利导是指，审时度势，顺势而为。审时度势是一切决策的前提，在艰难的逆境中摸索事态发展的趋势，发现未来希望之所在，是领导者战略眼光和洞察力的最高体现。斯诺在《西行漫记》中这样评价红军西北长征："这无疑是一场战略撤退，而不能说是溃退，因为共产党人也坚信，他们是在向着抗日前线进发。这是一个非常重要的心理因素，这帮助他们把可能出现的军心涣散的溃退，变成一场豪迈的胜利进军。进军到战略要地西北去，无疑是他们大转移的第二个基本原因，他们正确地预见到这个地区对中、日、苏的当前命运将起决定性作用。”

灵活机变是指在形势出现僵局的情况下，领导者的思维依然保持灵活。环境总是在不断变化，一旦出现突破的机会，领导者要保证组织能够具有足够的机变能力抓住机会，从而实现逆境中的突围。宫教授指出，逆境突围的路线，往往是形势和环境塑造的结果，而不是事先设计出来的。人的理性是有限的，没有人从一开始就能看到结果，没有人对形势的理解从一开始就可以一步到位。领导者所能做的是适应环境的变化，在混乱中寻找机会，在动态中创造机会，打得赢就打，打不赢就走，保持战略的弹性，保持组织的柔性，从而在不断的调整中找出属于自己的突围方向。

如果要说一个逆境中的团队需要领导者做什么，那么首要的一条就是为所有人坚定信心。越是在逆境之中，领导者越没有沮丧的权利；越是处于充满负面信息的环境中，领导者越要给予组织以充分的信心。就像新东方创始人俞敏洪的那句名言：从绝望中寻找希望，人生终将辉煌。

1935 年 10 月，毛主席写了一首脍炙人口的词《清平乐・六盘山》：“天高云淡，望断南飞雁。不到长城非好汉，屈指行程二万。六盘山上高峰，红旗漫卷西风。今日长缨在手，何时缚住苍龙？”彼时正是红军长征最艰难的时刻，但是毛主席的这首词却写得豪气干云，没有一丝一毫的沮丧或犹疑。宫玉振认为，这就是领导者，在别人沮丧和迷茫的时候，他能用自己的内心之火，重新点燃人们的信念之光。每个人、每个团队都必然遭遇逆境，逆境中的奋争需要特别强大的心理能量，唯有坚持到底的人才有可能迎来曙光，很多人熬过了子时、丑时，却倒在黎明前的黑暗中。领导者要想真正获得权威，必须要成为团队的精神领袖。

逆境领导力的第五个要素是价值驱动。价值认同是最强大、最有效的向心力，在逆境中更是如此。1930 年 1 月 5 日，毛泽东为了批判党内存在的悲观思想，给林彪写了一封信。他在信中指出，1927 年大革命失败以后，革命的主管力量确实大为削弱了，但是“星星之火，可以燎原”，现在虽只有一点小小的力量，它的发展会很快的。

为什么毛主席如此自信？何谓“星星之火可以燎原”？这句话出自《尚书·盘庚上》：“若火之燎于原，不可向迩，其犹可扑灭？”革命的火种不是某个领导者个人的意图和欲念，而是千千万万劳苦农民的需要，是中国历史发展的需要，扑不灭，也压不住，终会烧毁所有旧的、反动的、侵略的势力，重新建立新的世界。这样的自信，不是对个人能力的盲目乐观，而是对所从事的事业的价值认同。因有价值认同，而使整个团队有长远信心，也就有了凝聚力。

第四节　团队沟通中的善意原则

一、什么是沟通中的“善意”

善，就是好的意思。所以“善意”的第一个含义就是好意，带着一颗希望别人好的心与人沟通，更容易获得真诚的伙伴。在前面的章节中我们已经探讨过一些人际沟通的方法和技巧，把这些方法和技巧应用在与团队成员的沟通中，可以很快打破尴尬、建立良好的第一印象、开展融洽的交流。但是团队沟通的特点是针对性比较强，沟通频率高，因此团队成员之间需要逐渐熟悉并接受彼此的沟通方式和习惯。在这个磨合的过程中，互相展示出对对方的善意是非常重要的。如果领导者能在这方面做个好榜样，团队成员之间将会更快熟悉起来、更快度过磨合期。

沟通中“善意”的第二个含义是体谅。不仅是体谅他人的艰辛，也是体谅他人在知识、经验甚至个性上的欠缺。我们知道，人际沟通中的障碍很多时候在于沟通双方的知识、经验以及思维习惯不同，无法真正领会对方的意图，从而产生误解甚至矛盾。这种沟通中的障碍不能单独归结为听话者或说话者任何一方的过错。他/她没有学过你说的那项技能、没有经历过与当前类似的事件，这可能确实是个遗憾，但是并不一定要把这种遗憾算作他/她的过错。每个人都有自己独特的经历，团队中的每个成员都有自己擅长的事物，也都有自己不太擅长的事物、不太熟悉的领域。如果能够体谅对方的不足，就可以在沟通中多一些善良的耐心，少一些自以为是的暴躁。

《三字经》中第一句便是：人之初，性本善。带着善意去沟通，原本应该是一件很容易的事。但是实际上，在很多团队中，成员之间的沟通并不是善意的，有些是无意的，有些是有意的。无论有意或是无意，这些“不善”沟通的结果是增加了内耗，同时损害了个人和团队的利益。可是为什么有些人明知对自己没有益处，还要对他人“不善”呢？这就是人性中自私的一面在作祟：人们常常在与他人的比较中获得对自己的评价，在贪心较重的人眼中，他人的好就是对自己莫大的威胁；而在真正自信的人眼中，他人的好坏与自己的处境并没有必然的关联。

沟通中的善意有时需要与自私做斗争，它反映了一个人的自我修养。《论语·卫灵公》中说：“躬自厚而薄责于人。”这句话的意思是，多责备自己，而少责备别人。也就是说，要严于律己，宽以待人。严格要求自己，进步就快；宽容别人，就会远离怨恨。团队沟通中，多一分自省，就可以多一分善意。

二、打造“善意”的团队文化

在团队建设与管理活动中，以善意对待他人，以善意揣摩他人，应该是团队成员之间沟通最基本的原则之一。作为领导者，需要把这个原则灌输给整个团队，从而使之成为组织的一种文化。特别是在下属之间出现纷争的时候，领导调停下属间纷争的过程，就是建设组织文化的过程。

下级之间出现纷争，在一定程度上反映出组织在内部资源的分配上存在供不应求、分配不均甚至不公的现象。严重的纷争毫无疑问对组织的发展是不利的，但是有时候下属之间适度的纷争并不是一件坏事。一方面，它可以通过纷争观察到组织各方面、各环节存在的问题，以便更好地改进工作；另一方面，它可以使人们在纷争当中相互启发，激发出人们的某种创新。

下属之间的纷争有三种主要原因，其一是利益的冲突，其二是个性的冲突，其三是工作职责的冲突。前两者都是个人原因，第三者可以算作组织制度原因。对于因工作任务有交叉、有冲突的情况，领导者需要及时掌握信息、尽快对工作任务甚至组织架构进行调整，避免下属之间因工作原因产生情绪上的对抗，甚至形成对彼此的成见，不利于后续工作的开展和团队的团结。

对于下属个人原因导致的纷争，领导者通常以调节矛盾为原则，密切地关注，适度地过问，谨慎地干涉。领导者忌讳在下属的私人恩怨中充当评判者。对于利益的冲突，在资源条件允许的情况下，领导者可以帮助冲突双方找到共利共赢的办法。对于下属之间个性上的冲突，领导者需要强化团队的目标，以不影响团队利益为原则，让不同个性的下属各司其事、各展所长。

下属之间的任何矛盾，只要不是在“善意”原则上出现偏差，领导者都可以通过一定的手段去调节。

人生旅“途”多艰辛，怎样才能走得稳走得好呢？汉字构造本身就告诉了我们答案：“途”字由“走”和“余”构成，可以这样理解和解释——给别人留有“余”地，自己才有路“走”。有些人爱斤斤计较，睚眦必报，因此把人际关系弄得很糟，做起事来就只能处处受挫和碰壁。

结　语

人最难过的时刻，不是输掉万贯家财，而是输掉重新拼搏的雄心；领导者最难过的关卡，不是做了损失惨重的决策，而是丢掉众志成城的团队。

如何能够走出低谷？靠努力？靠运气？靠朋友？靠自己？这些，都要靠情商。

情商如何而来呢？成长，一步一个脚印地积累，才知道什么样的路途该用怎样相配的节奏去跋涉。成败，是向外的，成长，是向内的。只论成败，会汲汲于比较。偏重成长，才受益于身心。

这个世界上总有那么 20% 的人，见到你就是莫名其妙地喜欢你，总有那么 20% 的人，见到你就莫名其妙地讨厌你，剩余的 60% 的人处于中立状态。

所以修炼情商，绝不仅仅是让别人接纳自己、喜欢自己、听自己的话。提高工作的效率和生活的质量，才是提升情商的根本诉求。

领导者的情商，是综合智慧的体现，是人性修养的集成，在一定程度上也是其所领导团队所有成员身心健康的保障。

从人性的角度理解大众情商，以发展的眼光看待领导情商，在成长的过程中领悟情商，就一定能够找到真正的快乐、成就与满足！

主要参考文献

1. Fehr B A. Friendship Processes［M］. Sage Pubn Inc，1996.

2. Hartshorne J K，Germine L T. When does cognitive functioning peak? The asynchronous rise and fall of different cognitive abilities across the life span.［J］. Psychological Science，2015，26（4）：433443.

3. Kleef G A V. The interpersonal dynamics of emotion：Toward an integrative theory of emotions as social information［M］. Cambridge University Press，2016.

4. Nassir Ghaemi. A First-Rate Madness［M］. Penguin Press HC，2011.

5. Tajfel H. The social psychology of minorities［J］. Report，1978.

6. Van Kleef G A. How emotions regulate social life：The emotions as social information（EASI）model［J］. Current Directions in Psychological Science，2009，18（3）：184188.

7. Weisz C，Wood L F. Social identities and friendships：A longitudinal study of support for social identities［J］. Journal of Social Behavior & Personality，2000，15（4）：441458.

8. 陈璟，汪为 . 情绪即社会信息模型述评［J］. 心理发展与教育，2013，29（2）：214223.

9. 丹尼尔·戈尔曼，杨春晓 . 情商［M］. 中信出版社，2010.

10. 风铃 . 天才在左，疯子在右［M］. 武汉大学出版社，2010.

11. 顾建平，李占祥 . 团队情商管理对团队绩效的影响研究［J］. 南京社会科学，2009（11）：3641.

12. 科里·帕特森 . 影响力 2［M］. 中国人民大学出版社，2008.

13. 李祎，段万春，郑晓明 . 变革型领导、情商对团队效能的影响研究［J］. 经济问题探索，2010（9）：8793.

14. 李晓巍，刘艳，曾荣，等．非认知因素对个体创造力的影响［J］．北京师范大学学报社会科学版，2015（2）：5062.

15. 廖冰，纪晓丽，陈家洵．论知识团队的情商管理［J］．科技管理研究，2004，24（6）：4345.

16. 林昭文，吴维库．基于情商的领导力缔造［J］．学术论坛，2007，30（6）：104107.

17. 马伟娜，桑标，姚雨佳．自动化情绪调节及其神经基础的研究概述［J］．心理科学，2010（4）：904906.

18. 任俊，高肖肖．道德情绪：道德行为的中介调节［J］．心理科学进展，2011，19（8）：12241232.

19. 任俊，彭年强，罗劲．乐商：一个比智商和情商更能决定命运的因素［J］．心理科学进展，2013，21（4）：571580.

20. 宋广文，邢洪军．“情”与“智”概念的相关研究及思考［J］．心理学探新，2007（2）：2327.

21. 童恒萍．人的本质与人力资源开发［J］．科学管理研究，2001，19（4）：2022.

22. 王琳楠，马越峰．情商理论（EQ）与新型领导力［J］．科技管理研究，2006，26（3）：115116.

23. 吴维库．情商与影响力［M］．机械工业出版社，2010.

24. 吴维库，刘军，黄前进．下属情商作为调节变量的中国企业高层魅力型领导行为研究［J］．系统工程理论与实践，2008，28（7）：6877.

25. 吴伟炯，刘毅，路红，等．本土心理资本与职业幸福感的关系［J］．心理学报，2012，44（10）：13491370.

26. 肖鸣政．试论品德在现代人力资源结构及其开发中的作用——兼谈品德与“情商”的关系［J］．中国人民大学学报，1999，13（4）：9093.

27. 徐小燕，张进辅．巴昂的情绪智力模型及情商量表简介［J］．心理科学，2002，25（3）：332335.

28. 余世维．管理者情商［M］．北京大学出版社，2005.

29. 曾性初．情智与情商［J］．教育研究，1999（3）：3641.

30. 仲理峰．德商与领导德行力开发［J］．经济管理，2007（1）：4952.

31. 邹泓，曾荣，王娟．创造力与精神障碍：实证心理学的探讨［J］．北京师范大学学报社会科学版，2015（2）：3849.